हमें घमंड है

रमण कुमार चौधरी

डायमंड बुक्स

www.diamondbook.in

प्रकाशक : डायमंड पॉकेट बुक्स (प्रा.) लि.
X-30 ओखला इंडस्ट्रियल एरिया, फेज-II
नई दिल्ली - 110020
फोन : 011- 40712200
ई-मेल : wecare@diamondbooks.in
वेबसाइट : www.diamondbooks.in
संस्करण : 2025
मुद्रक : रेप्रो (इंडिया)

Hamen Ghamand Hai

by : *Raman Kumar Chaudhari*

हमें घमंड हैं

"हमें घमंड है कि हमने मानव कुल में जन्म लिया है। उससे भी बड़ा घमंड है कि हम हिंदू धर्म में जन्मे हैं। और उससे भी बड़ा घमंड है कि मैं कुल-कलंकित, चरित्रहीन हूँ, शराब, कबाब, शबाब में मस्त होकर आनंद लेता हूँ। जब मैं किसी तीर्थ स्थान या मंदिर जाता हूँ तो कोई तिलक लगा देता है तो लगा दिया, वरना घूम-घाम के चला आता हूँ। मैं बस इतना ही मानता हूँ कि मैं हिंदू हूँ और सभी भगवान हमारे हैं। बस यही मेरा विश्वास है।

भले ही मेरी कुछ बातें अच्छी हों, मगर यह ज़रूरी नहीं है कि अगर मैं कहूँ कि ये अच्छी बात है, तो वह माने ही। इसीलिए कोई मेरे पीछे न दौड़े। मैं क्या हूँ, वह तो मैं जानता हूँ और बता भी दिया प्रमाण सहित! अगर कोई मेरे पास आएगा, तो वह अच्छा तो नहीं होगा, मगर शराब-कबाब से खराब ज़रूर कहलाएगा, इसकी पूरी गारंटी है। क्योंकि मैंने अपने माँ-बाप, भाई-बहन, पत्नी, बच्चे, समाज और रिश्तेदारों को अच्छा करने की दिल से सोची, मगर वे सब के सब भ्रष्ट और ख़राब ही कहलाए।

तो, मैं कुछ रहस्य बताने से पहले सूचित करना चाहता हूँ कि जब कोई लेखक कुछ लिखना शुरू करता है, तो उसकी मजबूरी हो जाती है कि वह श्री राम जी की अच्छी बातों के साथ-साथ रावण, मारीच और शूर्पणखा की भी बातें लिखे। उसी तरह, मैं जो लिखने जा रहा हूँ, उसमें जिसका भी नाम—चाहे वह भगवान हो, मानव हो, जाति हो, देश हो, जगह हो या धर्मग्रंथ हो—आएगा, उसे समझने के लिए उस नाम या जगह को जानना पड़ेगा। तभी हमारी बात पूरी समझ में आएगी और आप सही या गलत का निर्णय ले पाएँगे।

एक और बात, इसमें बहुत से लोगों के नाम आएँगे, जो मर गए हैं और बहुत से जीवित भी हैं। अच्छे वालों की तो कोई बात नहीं, मगर बुरे वालों को बहुत दुःख लगेगा। हमारा मानना है कि बुरा करने वालों को कितना आनंद आता होगा, मगर बुराई सुनने में उस आदमी को और उसके परिवार को बिना किसी कष्ट के बहुत दर्द होता होगा। व्यक्ति बुरा काम एक बार करता है, मगर बुराई अनेकों बार सुननी पड़ती है। बुराई सुनने में कैसा दर्द होता है, वह तो मैं खुद भुक्तभोगी हूँ।

और इसका परिणाम कैसा दुःखदायक होगा, इसका किसी को पता नहीं। अगर मेरी बात से या किसी की कही हुई या लिखी हुई बात से दुःख होगा तो मैं अपनी बात वापस लेने के लिए हमेशा खड़ा हूँ, क्योंकि मैं पढ़ा-लिखा भी नहीं हूँ। इसलिए मुझे अंदाज़ा नहीं है कि क्या लिखना चाहिए और क्या नहीं। कुछ गलत लगे तो क्षमा करें। वैसे भी, मैं अपनों से ठुकराया हुआ, लावारिस की तरह हूँ। अगर कोई मुझे मार भी देगा तो मेरे पीछे कोई रोने वाला नहीं।

मैं दुनिया को बताना चाहता हूँ कि जो हमारे हिंदू धर्म के विरोधी हैं, उनमें से मैं भी एक हूँ। धर्म के हिसाब से मैं खुद को पूर्ण नीच और भ्रष्ट मानता हूँ, इसलिए मैं अपने आप को ज्ञानी मानता हूँ, धर्मात्मा नहीं। अब जो मेरी किताब पढ़ेगा, वही निर्णय ले लेगा कि मैं सही हूँ या गलत।

हमारे संत, महात्मा और पंडितों को समझ पाना असंभव है। और भगवान को तो आज तक जैसा देखा है, वह अनंत सुख देने वाला और रंगमयी पाया है। ऐसे-ऐसे असंभव कामों को भी संभव करते देखा है। इसी अभिमान में कितने रावण और कंस जैसे भगवान के परम भक्त, एक-दो नहीं, अनेक ब्रह्मांडों को जीत चुके थे। वे सब के सब मरे नहीं, बल्कि मारे गए हैं।

आज के समय में रावण को मानते हैं और हिंदू को काल्पनिक अंधविश्वासी कहते हैं। तो मैं यह भी बता दूँ कि रावण भी हिंदू ही था और उसने हिंदू देवताओं से ही शक्तियाँ प्राप्त की थीं। हमारे हिंदू थे, हैं और रहेंगे। बाकी कितने आए और गए, पता नहीं। और कितने आएँगे और जाएँगे, क्योंकि इस धरती पर जिंदा व्यक्ति कम या ज़्यादा हिंदू हो सकते हैं, मगर मरे हुए दुनिया में जितने हिंदू सम्राट हैं, जिन्हें हिंदू को भी समझना असंभव है, तो मरे हुए लोगों की दुनिया में भी हिंदुओं का ही राज चलेगा। वैसे भी, हमारे भगवान को तो आज तक कोई नहीं समझा है।

एक प्रमाण अभी भी दिखता है। हिंदू धर्म में जो सबसे छोटी जात, चमार कहलाती है, उनके

पास भी सभी धर्म वाले हाथ फैलाकर 24 घंटे खड़े रहते हैं कि आप हमारे धर्म में आ जाओ। "आप हमारे धर्म को अपनाएँ, हमारा ही धर्म सबसे महान है, हमारा ही धर्म सबसे बेहतरीन है।" कुछ लोग तो बातों में आकर महान बनने चले जाते हैं और जाने के बाद इतने बड़े महान बन जाते हैं कि वे तो फूल-माला लेकर पैर पकड़कर उस धर्म वाले से ज़्यादा गिड़गिड़ाते रहते हैं, उसी छोटी जात वाले के पास कि "आ जा भाई, हिंदू छोड़ के कोई भी अन्य धर्म में।" ताकि हम सब मिलकर दोनों तरफ पाँव पकड़कर गिड़गिड़ाने में ही जीवन बिताकर महान कहलाएँ। हिंदू की जो सबसे छोटी जात वाले हैं, वे भी समस्त धर्मों से ऊपर महान हैं।

संत-महात्मा और पंडित कितने बड़े महान हैं, यह समझना असंभव है। इसीलिए स्वामी विवेकानंद जी का नारा है: 'गर्व से कहो, हम हिंदू हैं'। सिर्फ हिंदू कहलाने से ही दुनिया अपना बनाने के लिए तरसेगी। तो मैं अपने आप को सिर्फ हिंदू हूँ, इतना ही मानता हूँ। आज के ज़माने में कोई कहीं भी रहे, मगर मोबाइल के माध्यम से किसी भी बात को समझा जा सकता है। तो मैं अपना रहस्य बताना शुरू करता हूँ। सही है या गलत, वह निर्णय आपका है।

किसी भी जाति का हो, या किसी भी धर्म का हो, या फिर किसी भी देश का हो, प्रत्येक व्यक्ति के कर्म का परिणाम एक ही होता है, चाहे वह लड़की हो या लड़का। जैसे कोई चोरी, मर्डर या बलात्कार करता है, तो सोचता है कि हमें किसी ने देखा न हो, अभी पकड़े न जाएँ तो हमारा कोई कुछ भी नहीं बिगाड़ सकता। मगर यह एक भूल है, क्योंकि सिर्फ इंसानों की आँखों से बचकर आप नहीं बच सकते। दुनिया में समस्त जीव-जंतु, कीट-पतंग, पेड़-पौधे, सब देखते रहते हैं कि हम किस जगह क्या कर रहे हैं। व्यक्ति मर्डर या बलात्कार करके तो चला जाता है, मगर जब पुलिस पकड़ने आती है तो सभी जीव-जंतु किसी न किसी तरह सुराग दिखाकर गलत करने वालों को गुनहगार साबित कर ही देते हैं। गलत करने वाला तब तक ही छुपा रह सकता है, जब तक कोई अच्छी तरह खोजबीन करने नहीं आता। जिस दिन भला व्यक्ति बुराई को खोजने निकलता है, सभी अच्छे कर्म उसका साथ देते हैं और सच्चाई बाहर आ ही जाती है। इसीलिए एक कहावत भी है: 'दीवारों के भी कान होते हैं।' तो बुराई करने वाला बुराई करके छिप नहीं सकता, मगर बुराई न करके बच ज़रूर सकते हैं।

व्यक्ति जो भी कर्म करेगा, उसका परिणाम उसको यहीं मिलेगा और जो देख के सोचेगा, कल्पना करेगा, उसका परिणाम कहीं और मिलता है। जैसे एक आतंकवादी पेट चीरता है जान

लेने के लिए और एक डॉक्टर साहब भी पेट चीरते हैं जान बचाने के लिए। तो मारने वाला तो खुद छिपकर और डरकर रहता है और दूसरे लोग भी उनसे दूर ही रहना चाहते हैं। वहीं, एक डॉक्टर साहब जान बचाने वाले हैं, उन्हें भगवान जैसा पूजते और मानते हैं। दोनों अपना कर्म करते हैं, लेकिन परिणाम अलग-अलग होता है। अच्छा और बुरा, जीवन तो दोनों जीते हैं।

एक और उदाहरण। एक गाँव में नई रेलवे लाइन बन रही थी। तपती दोपहर की धूप में मजदूर पत्थर तोड़कर बिछा रहे थे। एक आदमी उसी रास्ते से कहीं जा रहा था तो उसने एक मजदूर से पूछा, "क्या कर रहे हो?" तो उसने बताया, "भाई, बाल-बच्चों का पेट पालने के लिए काम करता हूँ।" उसने दूसरे से पूछा, "क्या कर रहे हो?" तो उसने पसीना पोंछकर और आँखें लाल-पीली करके गुस्से में बोला, "दिखता नहीं है? पत्थर तोड़ रहा हूँ। आँखें रहते हुए भी अंधा है क्या? पता नहीं कब शाम होगी जो ठेके पर जाकर पौआ नहीं, अद्धा दारू पिऊँगा। आज गर्मी और धूप बहुत है।" फिर एक और से पूछा, "भाई, तुम क्या कर रहे हो?" तो उसने बड़ी प्रसन्नता से बोला, "यहाँ नई रेलवे लाइन बन रही है। कितनी ख़ुशी की बात है! कितने लोगों की रोजी-रोटी चलेगी। गाँव का भी नाम रोशन होगा कि हमारे गाँव में रेल है। आने-जाने में कितना आनंद आएगा! मैं तो बहुत प्रसन्न हूँ।"

काम सब एक ही कर रहे थे, एक ही स्थान पर और एक ही समय, मगर सोच सबका अलग-अलग था, तो परिणाम भी अलग-अलग था। जैसे जो पेट के लिए कर रहा था, वह न खुश था, न दुखी था। और जो दारु के लिए कर रहा था, वह जल रहा था। और एक को आनंद दिख रहा था, तो वह आनंद में ही था। तो यही परिणाम है अपनी-अपनी सोच का।

मैं जो भी लिख रहा हूँ, वह सुना हुआ ही है, कहीं जाकर देखा नहीं है, इसलिए मैं गारंटी नहीं दूँगा कि मेरी ही बात सही है, मगर सही लगे तो मानिए भी, सिर्फ बात ही मत समझिए। मैं हिंदू हूँ। मैं हिंदुओं का तो बहुत प्रमाण दे दूँगा। और जितने हैं, उनको मेरी बात मिले तो मिले नहीं तो बेफालतू ही समझिएगा, जो कल्पना ही है, क्योंकि मैं अपने हिंदू भाई-बहनों को विश्वास दिलाना चाहता हूँ कि हमारी हिंदू परंपरा को दुनिया कुछ भी समझे, मगर हिंदू महान थे, हिंदू महान हैं और हिंदू महान ही रहेंगे।

हमारे भगवान श्री कृष्ण जी एक दिन जहाँ महिलाएँ यमुना जी में स्नान करती थीं, वहाँ जाकर सभी महिलाओं के वस्त्र लेकर एक पेड़ पर चढ़ गए, क्योंकि उस समय अधिकतर व्यक्ति

निर्वस्त्र नहाते थे। कुछ कहते हैं, "वह भगवान नहीं, बहुत खराब इंसान थे।" मगर हमारे कृष्ण की लीलाओं को जो समझ लेगा, वह तर जाएगा। भगवान की सभी बातें तो दूर की बात है, आप थोड़ा सा भी समझ पाए तो आप खुद-ब-खुद महान बन जाएँगे। जैसे ही वस्त्र लेकर श्रीकृष्ण चले गए, सब महिलाएँ कृष्ण जी को पुकारने लगीं। आवाज़ देकर कहने लगीं, "हमारे वस्त्र वापस दे दो।" तो कृष्ण जी कहते हैं, "जो नाला होता है, उसमें जो भी जीव पाए जाते हैं, वह सभी गंदे ही रहते हैं। तालाब में बहुत बुरे और बहुत अच्छे दोनों तरह के जल-जीव रहते हैं और जितनी पवित्र नदियाँ हैं, उसमें बहुत से देवी-देवता जल-जीव बन के जल में रहते हैं, उनको शर्म आती है।" सबने एक सुर में कहा, "इतने वस्त्र नहीं हैं हम सभी के पास। इसका कोई उपाय है तो वह बताओ।" कृष्ण जी बोले, "जब पहली महिला वस्त्र पहनकर नहाकर जल में से बाहर आ जाए, तो उसी भीगे वस्त्र को पहनकर दूसरी महिला जा सकती है। ऐसे करके एक-एक करके सभी स्नान कर सकते हैं।" भगवान प्रसन्न तो बिना नहाए भी हो सकते हैं, बस भक्ति भाव होना चाहिए। उसी वक़्त जल-देव गीत गाकर झूमने लगे: 'जो तेरी माया का न कोई पाया पार की लीला तेरा तू ही जाने।'

और एक महान नाम। व्यक्ति पता नहीं किस देश के थे, धर्म का नाम नहीं ले रहा हूँ, मगर दुनिया जानना चाहेगी तो पता करने से मालूम तो पड़ ही जाएगा। उनकी बात बताता हूँ, सही है या गलत पता नहीं। एक महान भगवान कहलाने वाले व्यक्ति को मारने के लिए कुछ लोग उनका पीछा कर रहे थे। वे भागते-भागते एक गड्ढे में गिर गए और गड्ढे के ऊपर तुरंत एक मकड़ी ने घना जाल बनाना शुरू कर दिया। जाल बनते ही तुरंत एक कबूतर आया और उस जाल के ऊपर अंडा भी दे दिया। पीछे से मारने के लिए जब लोग वहाँ पहुँचे तो कबूतर उड़ गया। अब वह महान व्यक्ति चारों तरफ कहीं दिख नहीं रहा था, तो किसी ने बोला, "कहीं इस गड्ढे में तो नहीं छिप गया? बाकी जगह तो कहीं छिपने की जगह दिखती नहीं।" तो दूसरे व्यक्ति ने कहा, "इतनी जल्दी कैसे कोई मकड़ी जाल बना देगी और कबूतर अंडा भी दे देगा? चलो, कहीं और देखते हैं।" सब जाने लगे, तभी एक गिरगिट बोला, "ठिक-ठिक।" फिर से सब उसी गड्ढे पर मुड़ के आए। अगर गिरगिट ने बोला है तो सही ही होगा। खाने के लिए अंडा ले लेते हैं और देख भी लेते हैं। अंडा जाल पर से हटाया तो वह महान उसी गड्ढे में छुपा हुआ था। उस महान व्यक्ति को उसी गड्ढे में टुकड़े-टुकड़े काट के मार दिया और उसी गड्ढे में मिट्टी से ढक दिया।"

मेरा कहना है कि गलती करने वाले व्यक्ति को अगर गलती करते समय कोई आदमी देख ले तो उस आदमी को कई प्रकार के लोभ देकर मनाया जा सकता है, लेकिन कीड़े, मकोड़े, पंछी, जानवर और अनेक किस्म के जीव-जंतु हैं, जो मनुष्यों से भी अधिक खतरनाक होते हैं। हम यह सोच भी नहीं सकते कि वे कब किसका साथ दें और कब किसका विनाश कर दें।

अब मैं कुछ हिंदू स्थानों और हिंदुस्तान का रहस्य बताता हूँ। जैसे हिंदुस्तान का नक्शा देखें, तो चारों तरफ शिवलिंग के ही आकार का नक्शा दिखता है। जिसमें अमावस्या का चाँद ठीक नेपाल के ऊपर विराजमान है और इतिहास गवाह है कि नेपाल एक पूर्ण हिंदू देश है। नेपाल से आज तक किसी दूसरे देश की लड़ाई नहीं हुई है, गुलाम बनाना तो दूर की बात है। नेपाल के बारे में कोई दूसरा देश बुरा सोचेगा ही नहीं। अगर कोई देश ऐसा सोचता भी है तो उस देश का बुरा होना शुरू हो जाएगा। और लंका देश तो पूर्ण शिवलिंग का ही नक्शा दिखता है।

नक्शा ही नहीं, इसका प्रमाण भी दिखता है। कितने दिव्य मंदिर हैं, कितने दिव्य स्थान हैं, कितने घने जंगल हैं, कितने सुंदर पहाड़ हैं, जहाँ दुनिया परमाणु मिसाइल, तोप, बम-बारूद कितना भी बरसा ले, मगर उस स्थान का बाल भी बाँका नहीं कर सकेगा, क्योंकि कई बार ऐसा करके देख लिया है। हिंदुस्तान को कोई भी देश गीदड़ भभकी न दे, हमारे देश को 50 प्रतिशत भी कोई तबाह नहीं कर सकता है। और हिंदू सिर्फ आज तक आत्मरक्षा ही चाहता है, किसी को मारना या गुलाम बनाना नहीं चाहता। अगर मारना या गुलाम बनाना चाहेगा, तो उसका रहस्य आगे मिलेगा, जिसके लिए हमें परमाणु मिसाइल की भी ज़रूरत नहीं होगी।

हिंदुस्तान के टुकड़े करने में गांधी जी का नाम आता है। टुकड़े करने वालों ने अपने वंश का ही सरनेम गांधी रख लिया है। गांधी जी से 'गांधी' कहने वाले टुकड़े होकर ही मरे हैं। और धर्म में भी हिंदू से मुस्लिम और ईसाई बनके टुकड़े हो गए। प्रमाण दिख रहा है, आगे क्या होगा, पता नहीं। और पाकिस्तान का जो भी राजा या रानी बना, वो भी या तो जेल में है या देश से भागकर तड़पकर ही मरा है।

1971 में हिंदुस्तान और पाकिस्तान का युद्ध हुआ, परिणाम सबको पता ही है कि क्या हुआ था। उस वक़्त पड़ोसी देश चीन ने सोचा कि हिंदुस्तान के बहुत हथियार और तोप कम हो गए हैं, तो यही मौका है हिंदुस्तान को गुलाम बनाने का। (यह एक सत्य कथा किताब में पढ़ा था कि कोई किसी को सुना रहा था। मैंने सुना तो मैंने समझना चाहा कि क्या सही है और क्या

गलत। इसमें जितना याद है उनकी भी और अपनी बात का अनुभव लिखूँगा, सही या गलत पता नहीं। चीन का ही एक बड़ा ऑफिसर अपनी सत्य कथा बताए थे, जिनका नाम मुझे अभी याद नहीं है।) 1972 में चीन ने अपना मिशन शुरू कर दिया, जिसमें उस ऑफिसर को ज़िम्मेदारी मिली थी। जब चीन बॉर्डर पार करके हिमालय पर आकर अपनी पूरी फ़ौज के साथ, अपनी पूरी व्यवस्था के साथ आगे बढ़ रहे थे, आगे-आगे वो ऑफिसर नक्शा देखकर चलते थे।

एक दिन एक हिरन दिखाई दिया। हिरन को मार के खाने के मूड में गोली चलाई तो हिरन वहाँ से भाग खड़ा हुआ। चीनी ऑफिसर पीछे-पीछे हो लिए। कितने ही राउंड गोली चलाई और एक गोली जाकर हिरन के एक पाँव में लग गई। हिरन लँगड़ाते हुए दौड़ता रहा। चीनी ऑफिसर खून का निशान देखकर पीछा करने लगे। उसी समय एक झरना दिखा। पानी में खून नहीं दिखा और न ही हिरन दिखाई दिया। मगर एक व्यक्ति आसन मुद्रा में पानी में बैठा दिखाई पड़ा, जिसके नाभि तक पानी बह रहा था। तो ऑफिसर बोला, "हिरन किस तरफ गया?" वो आदमी उठ के खड़ा हुआ, उसके जाँघ में गोली लगी हुई थी, जाँघ से खून टपक रहा था। वो व्यक्ति बोला, "तू उसको हिरन समझ रहा था? देख, तेरी गोली मेरे जाँघ में लगी है। वो तुझे हिरन दिख रहा था।" "जो दूर-विदेश के होते हैं, उनको तो नहीं पता रहता है कि हिंदू और हिंदुस्तान क्या है, मगर तू तो हिंदुस्तान का पड़ोसी है, तुझको तो पता है कि हिंदुस्तान क्या है?"

"हिंदू को ख़त्म करने के लिए हिरण्यकश्यप, रावण, कंस जैसे महायोद्धाओं ने अपना ही खून बहाया, ऐसे हिंदू हुए जो अपने ही खून के हाथों ख़त्म हुए हैं। जैसे हिरण्यकश्यप अपने लड़के के हाथों ही सत्यानाश हुए हैं, रावण अपने भाई विभीषण से ही सत्यानाश हुए हैं, कंस अपने भाँजे की वजह से ही सत्यानाश हुए हैं। जब राम जी, कृष्ण जी का उत्सव आता है तो रावण-कंस का भी नाम आता है, रावण-कंस को भी आना ही पड़ता है। तब रावण-कंस को पता चलता है कि दुष्टता और मार-काट से सुख पाने वालों का क्या परिणाम होता है। राम-कृष्ण जी को धूप, दीप, फूल-माला, फल, मेवा, मिठाई और गीत गाकर नाच कर गुणगान करते हैं। और रावण-कंस जैसे ग्रुप सभी के सभी दुष्ट और कसाई ही कहलाते हैं। प्रत्येक वर्ष ऐसी दुर्दशा से कैसा लगता होगा, वह तो वही लोग जानते हैं। यही है कर्म का फल। अब वो चाहते हैं कि मेरा नाम कोई न ले, मगर अब न नाम बदल सकता है और न ही कर्म बदल सकता है। फिर कोई चाहे कि मैं वही शरीर, वही नाम रख के अच्छा करके पाप धो लूँ, वह संभव नहीं हो सकता।

यह हिंदू धर्म की बात है।"

"और हिंदुस्तान में कितने दिव्य दरबार और तीर्थ स्थान सब हैं, जहाँ किसी का ब्रह्मास्त्र भी काम नहीं करेगा। और उससे भी महा भयंकर चमत्कार, दिव्य स्थान, हिंदुस्तान के जंगल और पहाड़, पंछी, जानवर, पेड़-पौधे, कीड़े-मकोड़े बनके महासंत, महात्मा, धर्मात्मा सब रहते हैं, जहाँ आदमी तो दूर, भगवान भी रहने के लिए तरसते हैं। और तू या और कोई भी चाहेगा कि हम हिंदू और हिंदुस्तान को बदल देंगे, तो वह उसकी भूल है। दुनिया उसको ख़त्म कर सकती है क्या? इतिहास देख ले, कितने ऐसे देश हैं जो बदल गए, गुलाम बन गए और कुछ तो अब भी गुलाम हैं, पता नहीं कब तक गुलाम रहेंगे। मगर भारत में जो भी आए, वो यहाँ से पराजय लेकर ही गए। आदमी तो दूर जाए, आज तक भारत से एक भी बीमारी नहीं निकली है, मगर दुनिया की रंग-बिरंगी बीमारियाँ भारत में आते ही ख़त्म होने लगती हैं और धीरे-धीरे ख़त्म ही हो जाती हैं। भारत क्या है और हिंदू क्या है? ये आज तक कोई नहीं समझ पाया है!"

"तेरे अंदर सत्यता है इसीलिए तू सही सलामत जिंदा खड़ा है, बाकी तेरे सैनिक और सारा सामान और झंडा तुमको रास्ते में कहीं एक तिनका भी दिख जाए तो हमारी बात को गलत मानकर जो चाहे सो करो। और सही लगे तो चुपचाप अपना देश चला जा, क्योंकि एक व्यक्ति को एक गोली लगने से तेरा इतना नाश हुआ। तेरे फ़ौज के पाँव के नीचे जो चींटी मरे हैं, वो सब गुस्से में आ जाएँ तो क्या होगा?" वो ऑफिसर वापस अपना देश चला गया। इतनी ही बात उस किताब में लिखी हुई थी।

इसके बाद मैं अपना अनुभव और अपनी बात लिख रहा हूँ, तो आज का ज़माना मोबाइल का है, जिसमें सभी जानकारियाँ सही मिल रही हैं। देखना चाहो तो देख लो, दुनिया घर बैठे, कहीं जाने की ज़रूरत ही नहीं है। आज के समय में अनेक धर्म हैं दुनिया में जिसमें हम हिंदू धर्म में हैं। जैसा हिंदू धर्म में आज के समय में भी जितना प्रमाण, प्रसन्नता और आनंद दिखता है, उतना किसी और में नहीं दिखता है। जिसमें दुनिया में बहुत जगह पहाड़ और जंगल हैं, मगर उसमें जानवर के सिवाय कुछ नहीं मिलेगा। मगर भारत के जंगल-पहाड़ों में जाने पर एक न एक संत-महात्मा झोपड़ी बनाकर उस दुर्लभ जगह में अवश्य ही दिखाई पड़ते हैं।

मोबाइल में दुनिया देखके जैसे मूर्ति, फोटो और आकार को एक धर्म को छोड़कर सभी धर्म वाले मानते हैं, प्रणाम करते हैं। सभी धर्म वाले एक हैं और मूर्ति पूजने वाले भी हिंदू मूर्ति पूजा

का विरोध करते हैं और खुद मूर्ति पर फूल चढ़ाते हैं, तो कोई मोमबत्ती जलाते हैं। प्रणाम, हिंदू को सब अंधविश्वास और कल्पना इत्यादि ही बोलते हैं। एक बात समझ लीजिए, जो कल्पना करते हैं उन्हीं को कुछ आकार मिलता है और कुछ उस आकार के पीछे दौड़ते हैं, तो वही आविष्कार करते हैं और उन्हीं का मानव जीवन साकार होता है। और जो कल्पना ही नहीं करेगा, वो दुनिया में जितने साकार दिखते हैं, उसी में भटकते रहेंगे, कोई आविष्कार नहीं कर सकते। हमारी नज़र में सबसे बड़ी कल्पना ही महान है। दुनिया में सिर्फ एक हिंदू ही कल्पना कहलाता है तो सबसे बड़ा हिंदू ही दिखता है मेरी नज़र में।

और कितना सोचा जो हिंदू मूर्ति सब को ही तोड़ना शुरू कर दिए, जिसमें बहुत तो टूटे ही नहीं और जितने टूटे, सब तोड़ दिए। और समस्त टूटी हुई मूर्ति को उस जगह पर रखे, जहाँ उनको आने-जाने वाला रास्ता हो, जो तुम्हारे भगवान हमारे पाँव के नीचे ही रहेंगे और तुम लोगों के किए हुए कोई भी शक्ति, पूजा-पाठ काम नहीं आएगा। मगर उनको यह भूल है कि हिंदू मूर्ति तोड़ने पर हिंदू के भगवान ख़त्म हो गए और उनकी शक्ति ख़त्म हो गई। क्योंकि हिंदू खुद समस्त देवी-देवता और भगवान की मूर्ति बनाकर पूजा-पाठ करके विसर्जन कर देते हैं। प्रत्येक वर्ष, प्रत्येक गाँव और प्रत्येक घर में यही परंपरा होती है। मोबाइल में जो कुछ मैंने देखा है, उसका निष्कर्ष मैं दे रहा हूँ।

जैसे, "पत्थर पर दूध चढ़ाने से क्या फायदा है, पागल ही हैं। आज के ज़माने में बच्चे पैदा करने वाले माँ-बाप को तो पानी देते नहीं हैं, पत्थर को क्या ही समझेंगे।" हिंदू ही एकमात्र दुनिया में ऐसे हैं जो सिर्फ आम ही खाना नहीं जानते हैं। हिंदू आम के पेड़ के साथ-साथ पात को भी पूज के प्रसन्न करते हैं, तब आम खाते हैं। उसी प्रकार, पत्थर को तो समस्त मानव मानते हैं और तरसते हैं। प्रत्येक आदमी, चाहे किसी भी देश का हो, या किसी भी धर्म का हो, या किसी भी जाति का हो, सभी जानते हैं कि पत्थर में वह रहस्य है जो एक छोटा सा टुकड़ा कंकर को अँगूठी में पहनने में ही उसकी दुनिया बदलने लगती है। और अगर अँगूठी गुम हो जाए तो क्या होगा पता नहीं। कुछ विशेष पत्थर रत्न कहलाते हैं दुनिया में, जैसे हीरे, मोती, मणि, अनेक रत्न हैं जिसमें चमत्कार है और जिस पर जो पत्थर है, वो पत्थर अपने शरीर में धारण करते हैं और आनंदित रहते हैं।

हिंदू पत्थर नहीं, पहाड़ ही पूजता है, जहाँ एक नहीं, अनेक नहीं, समस्त रत्न रहते हैं। दूध,

दही, घी, मक्खन, मधु नहीं तो जल ही चढ़ाकर प्रसन्न कर देते हैं समस्त रत्न को। इसीलिए हिंदू पहाड़ ही पूजता है, जो एक-दो टुकड़े को प्रसन्न करने में या शरीर में धारण करने से इतना आनंदित हैं, तो सारे रत्न को इज़्ज़त, मान-सम्मान के साथ जल चढ़ा के शरीर में ही रोम-रोम में बसा लेते हैं, जो हर वक्त हमारे शरीर में ही रहे, जो कभी कहीं गुम ही न हो। मैं मानता हूँ कि मैंने नहीं चढ़ाया है, मगर हमारे हिंदू भाई-बहन ने तो दूध, दही और जल चढ़ाया है, क्योंकि हिंदू खुद प्रसन्न होने से अधिक दूसरों को प्रसन्न करने में प्रसन्न होते हैं। हिंदू कहलाने में ही कुछ न कुछ अंश आ जाता है। तो हिंदू पत्थर से सिर्फ प्रसन्न होना ही नहीं चाहता, पत्थर को प्रसन्न भी करता है। इसीलिए राम जी ने साबित कर दिया है कि दिव्य नारी अहिल्या का उद्धार कर के कि पत्थर को पत्थर ही मत समझिए, पत्थर में प्राण भी होते हैं। आज भी जितना पत्थरों की जितनी कीमत है, उतनी तो किसी अन्य वस्तुओं की कीमत नहीं है। हिंदू मूर्ख नहीं है, जिसका प्रमाण यह है कि कितने देशों में इतना खाना नहीं बनता होगा, जितना हिंदू हिंदुस्तान में फ्री भंडारा 24 घंटा कोई भी घी-मक्खन के साथ इज़्ज़त-मान-सम्मान के साथ खिलाता है। यह नहीं पूछता कि तुम कौन हो और कहाँ से हो, कोई पूछताछ नहीं।

और एक जवाब, दुनिया कहती है कि आदमी मर जाता है तो उसका सुख-श्राद्ध, दान-पुण्य कुछ भी नहीं है, मरने वाले कुछ नहीं लेते हैं। ये पंडित अपना घर भरने के लिए कहानियाँ बनाया करते हैं। बहुत लोग उस बात को मान के कर्म-धर्म करना छोड़ दिए हैं। मगर सोचने वाली बात है कि कौन सा ऐसा धर्म है जो मरने वाले को नहीं पूजते हैं? पूजते तो सबको देखता हूँ। चर्च, कब्रिस्तान और मरे हुए आदमी के मज़ार पर सब हाथ जोड़ के खड़े रहते हैं। मज़ार को भगवान मान के पूजते हैं। फर्क यही है कि जो हिंदू नहीं हैं, उनके जो अपने मरते हैं और जहाँ उनको दफनाया जाता है, उनका स्थान बस उतना ही और वही रहता है, उससे आगे नहीं जा सकते हैं। मगर हिंदू जीवित में भले ही झोपड़ी या फुटपाथ पर जिए, मगर मरने के बाद दुनिया में उनका नाम जहाँ लेंगे, वह वहीं आएँगे। तो मरे हुए व्यक्ति को तो सभी जाति पूजते हैं, मगर हिंदू तो हर जगह महान ही दिखता है, उससे इतना बैर क्यों? ताकि सही हो या गलत हो, हम अपना कर्म नहीं छोड़ेंगे। मगर दुनिया क्या करती है? रोकना तो दूर की बात, देखने की भी कोशिश नहीं करते हैं।

अब एक रहस्य: एक पंडित जी पीपल के पेड़ को ही भगवान मानते थे, पूजा करते थे। ठंड ख़त्म हो रही थी, गर्मी के दिन आने वाले थे तो पंडित जी ने अपना कंबल धोने के लिए

एक धोबिन को दिया। धोबिन कंबल धोके लाई। उस रोज पंडित जी के पास पैसा नहीं था तो पंडित जी धोबिन को बोले, "आज पैसा नहीं है, दूसरे दिन आना पैसे दे दूँगा।" धोबिन चली गई। एक दिन एक व्यक्ति पंडित जी को पूजा कराने के लिए लेके गए तो पंडित जी को दक्षिणा में जो पैसे मिले, पंडित जी उसी पैसे में से धोबिन को पैसे देने धोबिन के घर गए तो पता चला धोबिन तो मर गई है। पंडित जी ने पता किया कि इस धोबिन का कोई तो होगा। तो कुछ लोगों से पता करने के बाद पता चला धोबिन को बच्चे थे और पति पहले ही मर गए थे, और इसका तो कभी कोई रिश्तेदार भी नहीं देखा। अब तो इसका कोई है ही नहीं। पंडित जी अफ़सोस करते हुए अपनी कुटिया पर वापस आ गए। पूरे दिन यही सोचते रहे कि अब क्या करूँ। रात में सोए तो लगा मैं मर गया हूँ, यमदूत ले जा रहे हैं। तो रास्ते में वो धोबिन दौड़ते हुए आई, "पंडित जी, पंडित जी!" करते हुए आई और बोली, "पंडित जी, आप हमको पहचाने?" तो पंडित जी बोले, "हाँ, तू धोबिन है ना?" तो धोबिन बोली, "हाँ, आप सही पहचाने।" तो पंडित जी बोले, "कैसा तेरा हाल हो गया है। पूरे शरीर में जहाँ-तहाँ माँस कटा हुआ, खून टपक रहा है। कितना दर्द होता होगा!" तो धोबिन बोली, "जब तक लोग जीवित रहते हैं तब तक सोचते हैं कि धर्म-कर्म कुछ भी नहीं है। जैसे बच्चे समझते हैं कि पढ़ाई कुछ भी नहीं है, जीवन बगैर पढ़ाई के भी काट लेंगे, मगर बाद में समझ आता है कि जीवन बिना शिक्षा के बहुत कठिन है। और बार-बार बच्चे को बोलते हैं कि 'पढ़ ले', जैसे पंडित, संत और महात्मा बोलते रहते हैं कि 'पूजा-पाठ, दान-पुण्य कर ले', तो गलत लगता था। मगर पंडित-संत-महात्मा ही सही हैं, बाकी सब गलत हैं।"

"तो आप धर्मात्मा हैं, इसीलिए आपके पास किसी की आने की शक्ति नहीं है। नहीं तो जो भी पापी मरते हैं, उसके ऊपर सभी मधुमक्खी जैसे लटक जाते हैं। पहले तो यही भुगतना पड़ता है, पता नहीं कब तक। इसके बाद कोर्ट-हाकिम की कौनसी दुनिया है, पता नहीं। वहाँ जाना पड़ता है। इसके बाद जेल या बेल होगा। और यहाँ पर पुलिस को जाकर पकड़ना नहीं पड़ता है, यहाँ की पुलिस जिसको याद करेगा, वो अपने आप थाने में हाजिर हो जाता है। यहाँ पर प्रत्येक जन्म के कर्म का फल बताते नहीं हैं। किया हुआ कर्म दिखाई देते हैं और उसका परिणाम क्या है वो दिखा के छोड़ देते हैं और वो परिणाम जितने दिन के होते हैं, उतने दिन भोगने ही पड़ते हैं। तो मैंने बहुत पाप किया था, मगर कुछ धर्म भी किया था, इसके लिए फिर मनुष्य में जन्म हुआ। मगर पूर्व जन्म के पाप के खातिर बाल-बच्चे नहीं हुए। मगर कुछ पुण्य नहीं किया, पापी लोगों की

बातों में आकर मैंने भी पाप ही किया, जिसका परिणाम भोग रही हूँ। अब नहीं लगता कि मनुष्य जीवन फिर से मिलेगा। मैंने जितनों के पैसे खाए थे, वो सब के सब मरने के बाद आए मांगने के लिए, जैसे मैं आई हूँ आपके पास मांगने के लिए। आप हमारा पैसा दे दीजिए।"

"पंडित जी बोले, "मेरे पास पैसा नहीं है।" तो धोबिन बोली, "जिस-जिस के मैंने पैसे खाए हैं और उनको पैसे लौटा नहीं पाई हूँ, वे मेरा माँस नोच-नोच कर खाते हैं और पता नहीं कब तक खाएँगे। और यहाँ खाना भी धरती पर जिनका कोई रहता है अथवा वो उनके नाम पर कुछ दान या पुण्य करते हैं, तो उनको कुछ मिलता है। और धरती पर कोई कुछ फेंक देता है तो कोई चिड़िया या कीड़े-मकोड़े खा जाते हैं और जो कीड़े-मकोड़े भी नहीं खाते, वह हम लोगों के नसीब में आता है। बाकी नर्क अभी बहुत दूर है। नर्क जाने के बाद तो पता रहता है कि इतने दिन बाद नर्क से निकलेंगे, मगर इस पुलिस थाने में तो पता ही नहीं है कि कब तक यहाँ रहना पड़ेगा, क्योंकि युगों-युगों के पापी सब अभी तक इसमें ही भटक रहे हैं। आप हमें पैसा दीजिए।"

पंडित जी बोले, "पैसा नहीं है।" तो धोबिन बोली, "तो आपको भी एक कच्चा माँस देना पड़ेगा।" और धोबिन अपना मुँह खोल के दौड़ पड़ी पंडित जी के पास माँस खाने के लिए। जैसे ही मुँह पंडित जी के शरीर पर लगाया कि वहाँ पीपल का पेड़ आ गया और वो धोबिन उस पीपल का ही एक कच्चा माँस खा के चली गई। तो पंडित जी ने देखा, वह जिस पीपल को पूजते थे, यह वही पीपल का पेड़ है और जहाँ धोबिन ने कच्चा माँस खाया था, वहाँ कच्चा का निशान है और पीपल का दूध निकल रहा है। इसके बाद पंडित जी की नींद टूटी। पंडित जी उठ के बैठे और मन ही मन सोचने लगे कि कैसा सपना देखा, सही था या गलत था। फिर सोचे, गलत ही होगा। सपने में मैं मरा हुआ था, मगर मैं तो जीवित हूँ। लगता है धोबिन के बारे में सोच-सोच रहा था इसीलिए ऐसा सपना दिखा।

प्रणाम, पंडित जी का मन विचलित हो गया था। तो पंडित जी मन को शांत करने के लिए उस पीपल के पेड़ के पास गए तो देखा कि ठीक उसी प्रकार कच्चा कटा हुआ है और दूध टपक रहा है। तभी पंडित जी पीपल के पेड़ को भरी बाहों में पकड़कर रोने लगे, "मेरे प्रभु, मेरे भगवान, उसके पैसे मैंने लिए थे, मुझे ही दुःख झेलने देते। मैं तो आपको प्रसन्न करने में पागल रहता हूँ। मेरे प्रभु, आप महान हैं।" यह बोलकर बिलख-बिलख कर रोने लगे। रात में ही आसपास के सब एकत्रित हुए। पंडित जी से पूछा, "क्या बात है पंडित जी, आप रो क्यों रहे हैं?" पंडित जी ने सारी

बात बताई। तो पीपल का पेड़ छोटा हो या बड़ा हो, मगर वो कच्चा चमड़ी छिला हुआ छोटा पेड़ में और बड़ा पेड़ में धोदड़ (गड्ढा) आज तक पीपल के पेड़ में दिखता ही है। और तब से जो भी कोई मरता है, तो पैसा और धान का लावा लुटाते हुए श्मशान तक ले जाते हैं। हमारे हिंदू धर्म में जैसे चमत्कार हो गए हैं, उसी को धर्म मान के कर्म करना शुरू कर देते हैं। फर्क ये है कि बहुत से व्यक्ति तो कर्म, परंपरा का रहस्य नहीं जानते हैं, मगर प्रत्येक कर्म सत्य है।

अब मैं आपको अपनी एक सोच बताता हूँ। हकीकत में चीन 1972 में भारत को बहुत परेशान कर रहा था, मगर मुझको लगता है कि वह चीनी ऑफिसर वापस अपने देश जाकर शायद अपनी सरकार को सब कुछ बतलाया होगा। जो राजा होंगे वही धर्मात्मा होंगे, उनकी बात पर विश्वास कर लिए, क्योंकि जितने सैनिक थे, वो कहाँ लापता हुए किसी को पता नहीं। एक ही दिन में चीन घबरा गया और युद्ध करने का प्लान बदल लिया होगा। युद्ध रुक गया, चीन हारा नहीं था, क्योंकि चीन अधिक शक्तिशाली नहीं था, मगर भारत से हर चीज में ज़्यादा था। मगर चीन ने ऑफिसर की बात पर विश्वास करके युद्ध रोक दिया। धर्मात्मा चले गए, कोई दूसरे राजा आए, वो भारत से युद्ध तो नहीं चाहते थे, मगर दुनिया में अंदर ही अंदर हिंदू और हिंदुस्तान के प्रति इतना भड़का दिया है कि हिंदू किसी देश से या किसी धर्म से नफ़रत नहीं करता है। हिंदू अपने बच्चों को नहीं सिखाते हैं कि वो मस्जिद है या चर्च है, बच्चे अपने आप सर झुका के प्रणाम करके चलते रहते हैं। फिर भी दुनिया हिंदू से ही नफ़रत करती है। चीन शकुनी जैसा चाल दुनिया में चला जो युद्ध से खतरनाक है: "दुनिया परेशान है, हिंदू ही महान है।" चीन का परिणाम भी ठीक उसी प्रकार दिखता है, जैसे दुनिया में चीन भी एक पावरफुल देश है, मगर महज हाथ मिलाकर कोई भी चीज़ में साथ निभाएँगे, ये दुनिया को विश्वास नहीं है कि चीन कब पलट जाए, कुछ पता नहीं। और चीन भी अपने सामान पर खुद विश्वास नहीं करता। यही महत्त्व है चीन का। फिर एक और दूसरे प्रकार का राजा आया, वह अपने हिसाब से 75 प्रतिशत हिंदुस्तानियों को भी भड़का के जो संपूर्ण हिंदू धर्म नहीं, सिर्फ एक-दो जात अपने सुख के लिए समस्त जात को गुलाम बनाकर अपने में मस्त रहते हैं। समस्त जात वाले पंडित और संत-महात्मा को ढोंगी कहकर बदनाम करने लगे और अपने हिसाब से भ्रष्ट भी कहने लगे। तभी चीन के राजा ने सोचा कि अब हिंदू धर्म ख़त्म हो गया है, यह जाँचने के लिए डोकलाम में भारत पर गीदड़ भभकी दिखाए। परिणाम, वो अपने घर, हम अपने घर। मगर कुछ ही दिन के बाद चीन में ऐसा कोरोना

वायरस निकला कि चीन का क्या हाल हुआ वह चीन ही जानता है, मगर पूरी दुनिया ने भी परिणाम भोगा। आखिर में भारत में आकर कोरोना महामारी वायरस थमा है। दुनिया खोज करे तो हमारे हिंदू कुछ भ्रष्ट हो सकते हैं, मगर हिंदू धर्म की शक्ति के सामने आज तक कोई टिक नहीं पाया, भ्रष्ट क्या ही कर पाएँगे।

अब कुछ पाकिस्तान के रहस्य

हिंदुस्तान में इस्लाम वालों ने बहुत अत्याचार किए, तो हिंदुस्तान में अपनी-अपनी क्षेत्रीय भाषा अलग-अलग थी, मगर पूरे हिंदुस्तान में एक ही भाषा थी—संस्कृत। इस्लाम वाले संस्कृत, मंदिर और भगवान को नहीं मानते। वे संस्कृत को ख़त्म करने में लग गए, जिसमें उर्दू, फ़ारसी और अरबी भाषा भी खूब चलीं। उन्होंने बहुत दिन राज किया। फिर इंग्लिश भाषा भी आ गई। अंग्रेज़ों ने भी चाहा कि पूरा हिंदुस्तान इंग्लिश भाषा बोले, मगर धर्म का कुछ नहीं बिगड़ा, न ही मंदिर तोड़े और न ही मस्जिद तोड़े। वे हिंदुओं के साथ-साथ इस्लाम वालों पर भी हुकुम चलाने लगे। जो उनकी बात नहीं मानते, उन्हें वे कठोर दंड देते थे। तब हमारा हिंदू धर्म जागा और एकसाथ मिलकर खड़े हुए, तब अंग्रेज़ भाग गए। फिर इस्लाम वाले बोले, "अब अंग्रेज़ गए तो पहले की तरह, जैसे इस्लाम का राज चलता था, अब भी इस्लाम का ही राज चलेगा।" तब हिंदू गुस्से में आ गए, "अब तुमको भी भागना पड़ेगा।"

हिंदुओं की सबसे बड़ी शक्ति है दया-भाव, इसीलिए कुछ हिंदू बोले, "अंग्रेज़ों को भगाने में इन लोगों ने भी हमारा साथ दिया था।" तो कुछ व्यक्ति दया करने लगे। फिर क्या होता? क्योंकि हिंदू कहीं भी, किसी के साथ रह सकता है, मगर इस्लाम वाले तो हिंदू के पास नहीं रह सकते। तो क्या होगा? तो हिंदुओं ने निर्णय लिया कि "हिंदुस्तान में एक जगह दे देते हैं जहाँ न इनको दिक्कत होगा, न इनके धर्म को दिक्कत होगा। शांति से, स्वतंत्रता से जीवन जिएँगे।"

भारत जब आज़ाद हुआ तो अंग्रेज़ गए, तब वे इस्लाम को पाकिस्तान देके नहीं गए थे। भारत में तीन ग्रुप थे। एक में जितने भी छोटी जात वाले थे, उन सबके नेता भीमराव अंबेडकर जी थे। मुस्लिमों के नेता मोहम्मद अली जिन्नाह थे। बाकी हिंदू देश-भक्त थे, जिनको नेतागिरी से कोई मतलब ही नहीं था, वे खुश इसी में थे कि हमारा देश आज़ाद हो गया। और इन सबके नेता

थे महात्मा गांधी जी, जिनकी एक आवाज़ पर सभी के सभी खड़े हो जाते थे।

संविधान बनाने की ज़िम्मेदारी बाबा साहेब को दी गई। तो पंडित जवाहरलाल नेहरू जी ने देखा कि जब छोटी ही जात की बात पर देश चलेगा, तो कहीं गांधी जी जिन्नाह साहब को प्रधानमंत्री न बना दें। नेहरू जी का कोई दिमाग काम नहीं कर रहा था। एक दिमाग काम किया: अपनी बेटी इंदिरा नेहरू को महात्मा गांधी को गोद में देकर बोले, "ये मेरा नहीं आपका ही बेटी है। आज से इसका नाम इंदिरा गांधी रहेगा।" पूरा भारत एक हो गया, उसी प्रकार जैसे अन्ना हज़ारे साहब के साथ केजरीवाल जी बिना परिश्रम के घर बैठे मुख्यमंत्री बन गए। उसी प्रकार एक ही बार में नेहरू जी की तरफ बाबा साहेब का आधा ग्रुप और जिन्नाह साहब का भी आधा ग्रुप नेहरू जी का नारा देने लगे: "इंदिरा दीदी, नेहरू चाचा।" बूढ़े से बच्चे और औरत से मर्द, दिन हो या रात हो, सबके जुबान पर सिर्फ एक ही नारा था: "इंदिरा दीदी, नेहरू चाचा जो बोलेंगे, वही सही।" अब कहाँ गए भीम साहब, कहाँ गए जिन्नाह साहब, कहाँ गए देशभक्त सब? यहाँ तक कि सबका महाराजा महात्मा गांधी जी को भी लोग सिर्फ नाम ही ले रहे थे, मगर प्रत्येक जनता अपना राजा मान लिए चाचा नेहरू जी को, निर्विरोध और भविष्य देखने लगे इंदिरा गांधी पर। सारे के सारे जनता एक हो गए। इसी को कहते हैं तकदीर।

देश आज़ाद ही हुआ था। इस्लाम वाले अपना कुछ प्लान बनाए थे, संविधान वाले भी कुछ प्लान बनाए थे, देशभक्त वाले भी कुछ प्लान बनाए थे, यहाँ तक कि महात्मा गांधी जी भी एक अलग प्लान बनाए थे। सारा का सारा प्लान, सारे ग्रुप, आदमी का सोचा हुआ, किया हुआ और आगे क्या करेंगे, सबका एक ही झटके में सब ख़त्म हो गया। क्यों? क्योंकि ये जितने ग्रुप वाले थे, वो नेहरू जी को चाहते ही नहीं थे और ये बात नेहरू जी भी जानते थे कि सब हमसे नफ़रत करते हैं। नेहरू जी क्यों अलग थे? क्योंकि नेहरू जी को विदेशी परंपरा, रहन-सहन और विदेशी चीज़ों को ही अच्छा समझना, अपनी परंपरा पर कोई ध्यान नहीं। यही फ़र्क था। देशभक्त का कहना था कि हम सब कुछ सह सकते हैं, मगर माँ, बहन, बेटी की परंपरा नहीं तोड़ेंगे और न ही उस पर अत्याचार सहेंगे। और एक ग्रुप था कि देश विकास कैसे करेगा, शांतिपूर्वक। उस नारे पर नेहरू जी पर कोई असर ही नहीं दिखता। नेहरू जी भी कभी कल्पना नहीं किए थे जो बिन माँगे मोती एक ही झटके में मिल जाएगा। सबका सब गड़बड़ हो गया, खिचड़ी हो गया।

तो ऐसा समय था भारत का जो न गुलाम ही हुआ और न ही आज़ाद ही हुआ, ये हाल

था समझदार लोगों का। बाकी जनता तो इंतज़ार में है कि जब इंदिरा दीदी जब राजा बनेंगी तब जाके मन खुश होगा, तब हम अपने राजा से कुछ माँगेंगे, तब तक जिसको जो करना है सो अपना करे। क्योंकि प्रत्येक नागरिक के मन में यही बात घूम रहा था कि महात्मा गांधी जी बूढ़ा हो गए हैं, उनके बाद कौन हम लोगों को सँभालेगा। तो एक ही बार नाम आया, "इंदिरा गांधी!" तो भारत को आज़ाद होने पर ऐसा माहौल था, समय घूम गया था। तो सबसे ज़्यादा परेशान, दिमाग खराब, गुस्से में अंदर ही अंदर जल रहे थे जिन्नाह साहब। जिनका मन में था कि हम कैसे भी फिर से इस्लाम राज ले आएँ, मगर ये बात अंदर ही रखे थे, अपने आदमी के पास भी कभी किसी के पास बोले नहीं थे।

तो अंग्रेज़ नहीं भागता, क्योंकि उनके साथ जितने इस्लाम देश हैं, वो भी अंग्रेज़ के साथ थे। तो जितने इस्लाम नागरिक थे, वो जब अंग्रेज़ आया, तभी भाग गए और जिन सबको इस्लाम बनाए थे, वो लोग भी उसके साथ जाने लगे। इस्लाम वालों ने सबको रोक दिया कि, "तुम लोगों को मैंने इतने दिन से उल्टा से पलटकर, हिंदू से मुसलमान बना के, हिंदू को ख़त्म करना चाहा, मगर हिंदू न ही ख़त्म हुआ और न ही हिंदू धर्म का मंदिर, भगवान, शक्ति, कुछ भी नहीं ख़त्म कर पाया। देखते हैं कि कहीं अंग्रेज़ हिंदू को ख़त्म कर दे। हम लोग भी अंग्रेज़ का साथ देंगे।" और अंग्रेज़ भी नहीं हिंदू को ख़त्म कर पाया, तो समझ लेना यहाँ हिंदुस्तान में हिंदू का राज था और हिंदू का ही राज रहेगा, जिसे कोई नहीं बदल सकता। "तुम लोगों को इस्लाम का ज्ञान देके मुसलमान बना दिया हूँ, जो तुम लोग यहीं के थे यहीं रहो। तुम लोगों को हिंदू धर्म का सारा रहस्य पता है, तो हिंदू से ज़्यादा हिंदू धर्म को भ्रष्ट करना। जब तक हिंदू धर्म ख़त्म नहीं होगा, तब तक हिंदू नहीं ख़त्म हो सकता। तो जिस रोज हिंदू धर्म को ख़त्म कर देगा, उस समय के बाद इस्लाम वाले मानेंगे। क्योंकि इतने मंदिर, मूर्ति तोड़े, तब तो हिंदू ख़त्म ही नहीं हुआ और तुम लोग भी हिंदू ही रहेगा। कोई नहीं बदल सकता है।" ये भी यहाँ के आदमी को नहीं ले गए। तो अंग्रेज़ मंदिर-मस्जिद के साथ अपना चर्च भी जहाँ मन किया वहाँ बना लिए। तो कितने ही हिंदू डर के मुसलमान बन गए थे, वैसे ही डर के बहुत से हिंदू और बहुत मुसलमान भी ईसाई बन गए। जो हिंदू हैं, वो तो आज भी जानते हैं कि ब्रह्मांड हमारा है। क्योंकि हम हिंदू को जब जो चाहिए, तब पूजा-पाठ, यज्ञ-हवन करके इस धरती पर सब कुछ लाए हैं और जब जो चाहेंगे सो ले आएँगे, आज भी लाते हैं। हिंदू के सिवाय और कोई धर्म है, यह हिंदुओं को पता ही नहीं था, जिसमें एक

इस्लाम धर्म और भी आ गया।

जो संत-महात्मा और पंडित थे, वे इस्लाम धर्म की शक्ति को परखे, तो देखे कि इससे सिर्फ कुछ व्यक्ति ही प्रसन्न हो सकते हैं, बस। बाकी इस परंपरा से ब्रह्मांड नहीं खुश हो सकता है। असली अच्छाई, सुख, चैन और आनंद सब कुछ इस धरती पर लुप्त हो जाएगा, इसीलिए उस परंपरा को अपनाने वाले अपने आपको भी अपनाने से इनकार कर दिए। अब आया तीसरा धर्म, ईसाई का... हिंदू भी सोचने लगे कि कितने धर्म हैं, जो कहते हैं अपने आपको कि हमने ही दुनिया बनाई है। "जब तुम्हारे ही भगवान ने दुनिया बनाई है, तो बोलो अपने भगवान से कि हमें और दुनिया चाहिए, तो वो तुमको एक और दुनिया दे देंगे।"

हमारे हिंदू धर्म में एक समय एक भगवान के भक्त प्रहलाद थे। उनके पिता हिरण्यकश्यप जी भी बोलते थे, "आदमी को मार के मेरी ही पूजा करो, मैं ही भगवान हूँ।" क्योंकि वो हिंदू भगवान को ख़त्म करने के लिए हिंदू ही भगवान का कठोर तपस्या किए। तब भगवान प्रकट हुए और बोले, "माँग वरदान।" तो हिरण्यकश्यप, "भगवान के हाथों में अमर हो जाऊँ, ऐसा वरदान दीजिए।" तो भगवान बोले, "मारने वाले को अमर का वरदान नहीं मिलता है। हाँ, मरने से बचने के लिए तुम्हारे मन में जो भी है, वो वरदान माँग लो।" तो हिरण्यकश्यप ने वरदान माँगा कि "न मैं दिन में मरूँ, न रात में मरूँ। न मैं धरती पर मरूँ, न मैं आकाश में मरूँ। न मैं आदमी के हाथों से मरूँ, न जानवर से मरूँ। न अस्त्र से मरूँ, न शस्त्र से मरूँ। न घर में मरूँ, न बाहर मरूँ।" इसके बाद कुछ भी समझ ही नहीं आया, तो भगवान से बोले, "बस इतना ही अमर रहने के लिए काफी है।" भगवान बोले, "तथास्तु।" हमारे भगवान अपने नियम, कानून और वचन कभी नहीं तोड़ते हैं। तो वो मरेगा कैसे, ये कोई कल्पना भी नहीं कर सकता था, मगर समय आने पर हिरण्यकश्यप को सारे वचन का पालन करते हुए मार दिया। जब पूछा गया, "आप अपने आप को कहते हैं मैं भगवान हूँ, आदमी तो खुद से ही मर सकता है और एक न एक दिन अपने आप मरेगा ही। उस आदमी को आप मार के कहेंगे कि मैं भगवान हूँ। और जो मरने ही न दे, अगर वो चाहे तो अमर बना दे और मरे हुए को भी जिंदा कर दे, उनको आप शैतान मानते हैं?" मारने वाला कभी भी भगवान नहीं हो सकता। तो प्रहलाद को मारने के लिए खुद ही मर गया। ताकि कितना दुःख काटके तपस्या करके पुण्य कमाया था, जो पाप में आज तक अपने नाम को दुर्दशा करवा रहा हूँ।

रही शक्ति की बात, तो दिन को रात, रात को दिन, आग-पानी बरसाना, धरती-आकाश-

पाताल को जिधर-उधर घुमा दे, इतनी शक्ति थी भगवान में, जैसे जो चाहे सो कर दे। फिर भी हमारा संत, महात्मा और पंडित उसको भगवान नहीं मानते थे, क्योंकि उसका वचन, आशीर्वाद, देगा कि, "जा, तुमको बेटा होगा या विजय होगा," सो पूरा नहीं होगा। जैसे भगवान का वचन से ही उसका सब बात पूरा होता था, वैसे ही हिरण्यकश्यप किसी को अगर वचन देगा तो पूरा नहीं होगा। यही फ़र्क है सभी शक्ति सहित भगवान में और सभी शक्ति रहते हुए शैतान में। कुछ लोग भी शैतानी शक्ति देख के शैतान को भगवान ही मानने लगते हैं, मगर फ़र्क है कर्म और चरित्र में। शैतान की बात करने में सुख मिलेगा, मगर शांति नहीं। भगवान की बात करने पर सुख मिले या न मिले, मगर आग में कूदने पर भी, काँटे पर गिरने में भी शीतल शांति ही मिलती है। और प्रहलाद बिना तपस्या, पूजा-पाठ के सिर्फ विश्वास भगवान पर किया। भगवान को जो भी बोलते थे, वो भगवान पूरा करते थे, बिना दर्शन, बिना आशीर्वाद के। प्रहलाद की कहानी जानेंगे तो समझेंगे। हमारे संत, महात्मा और पंडित जान जाते हैं कि असली कर्मी और पाखंडी कौन है। हमारे संत-महात्मा तो दूर, हम नासमझ हिंदुओं को भी मुसलमानों की बात, विचार और परंपरा बिल्कुल ही नहीं पसंद, क्योंकि दूसरे को मारकर के सुख-शांति पाना अच्छी बात नहीं और न ही माँ, बहन, बीवी, बेटी का रिश्ता और न ही भाई, चाचा या मेरा ही ये पति है, कोई रिश्ता कहीं थोड़ा भी दिखता ही नहीं है। सिर्फ नाम के माता-पिता जी रहते हैं, सब के सब अलग ही रहते हैं। तो हमारा अपना है कौन?

हिंदू ज़िंदाबाद के नारे एक ही बार पूरे भारत में, एक ही समय, एक ही बार बूढ़े से लेकर बच्चे, औरत से लेकर मर्द तक सभी के सभी रोड पर निकल गए, जिससे अंग्रेज़ डर गए। ये भगवान की ही महिमा थी कि अंग्रेज़ भी चले गए। अब पूरे भारत में एक ही नारा था: "हिंदुस्तान ज़िंदाबाद।" इस्लाम तो भाग ही गया था, सिर्फ हिंदू थे, जो मुसलमान या ईसाई बन गए थे, वही बच गए थे। हमारे भगवान का कहना है कि हिंदू धर्म को कोई भ्रष्ट नहीं कर सकता है। कोई भी आदमी इस परंपरा के विरुद्ध भ्रष्ट हो सकता है और जो भ्रष्ट के साथ रहेगा, वह भी भ्रष्ट हो जाएगा। जिसमें ईसाई धर्म में इतना क्रूर, मारकाट, छल-प्रपंच नहीं था किसी भी धर्म के प्रति, मगर हिंदू समझ गए कि ये सब हिंदू धर्म को नहीं जानते हैं इसीलिए सब के सब बोलते हैं कि "हमारे ही भगवान ने दुनिया बनाई है।" तो हमारे ही भगवान ने दुनिया बनाई है, मगर हमारे संत, महात्मा और पंडित सब जानते हैं कि दुनिया जिसने भी बनाई है, मगर दुनिया को सजाया तो

हमारे हिंदुओं ने ही है।

धरती पर लाए गए स्वच्छ, पवित्र, अलग-अलग रंग के नदी, अनेकों तरह के मौसम, फल-फूल, जीव-जंतु, औषधि इत्यादि कई प्रकार के यज्ञ करके, तप, पूजा-पाठ करके बहुत प्रयत्न करके सजाया है। दूसरे जो भी धर्म वाले हैं, जो करना तो दूर, मानने को भी तैयार नहीं हैं कि कहीं पत्थर पानी में तैरेगा। ताकि कहीं-कहीं आज भी रखा हुआ दिखता है वो पत्थर, तो दूसरे जो भी धर्म वाले हैं, उनको अपने भगवान पर भी भरोसा नहीं है कि भगवान भी ऐसा कर सकते हैं। विश्वास ही नहीं है किसी को कि ऐसा चमत्कार भी हो सकता है। मगर हमारे हिंदू धर्म में विश्वास है कि भगवान तो दूर, भगवान का भक्त भी तैरते हुए पत्थर से पुल बना के नदी-नाला नहीं, समुद्र पार किए हैं। और हमारे भगवान तो समुद्र को ही ख़त्म करने वाले थे, तब समुद्र देव ने ही बताया, "प्रभु, आपके भक्तों में ही वो शक्ति है जो पत्थरों से भी पुल बना सकते हैं।" इसीलिए हमारे भगवान की बात तो छोड़िए, ऐसे चमत्कार करने वाले लोग इस धरती पर पता नहीं कबसे, कितने जन्म लेकर झंडा गाड़ चुके हैं, जिनकी रक्षा खुद भगवान करते हैं। आगे क्या होगा, पता नहीं, मगर पीछे, भूतकाल जो समय बीत चुका है, उसमें सिर्फ हिंदू ही हिंदू दिखते हैं। बीते हुए समय की दुनिया हिंदू की ही है, आप चाहें माने या न मानें।

ईसाइयों से भारत में उतना बैर नहीं था। भारत में तीन विभिन्न प्रकार के धर्मों का संगम हो गया था, जिसमें हिंदू, ईसाई, जिनके बीच कोई आपसी मतभेद नहीं था। कर्म और धर्म से ये दोनों 'जियो और जीने दो' की बात के अनुरूप चलते हैं, लेकिन मुसलमान में साफ उल्टा है: "जिएँगे तो हम ही, नहीं तो जीने नहीं दूँगा।" बिलकुल ही विपरीत। ईसाई भी जान गए थे कि मुसलमान धर्म कुछ अलग प्रकार का धर्म है जो थोड़ा भी नहीं मिलता है।

ईसाई धर्म वालों को इससे कोई मतलब नहीं था कि उनको देश में रखो या निकालो, मगर वे हिंदुओं से भी डर रहे थे, क्योंकि हिंदुओं में शक्ति ही कुछ ऐसी आ गई थी। शायद यह भगवान की ही महिमा होगी, कोई ऐसी लहर उठ गई थी हिंदुओं को कि जो हिंदू की बात नहीं मानेगा उसको जहाँ तक हिंदू की नज़र जाती है, वहाँ तक नहीं रहने देंगे। क्योंकि हिंदुस्तान के राजा से प्रजा तक आज तक किसी ने ऐसा नहीं चाहा कि "मैं अपना हुकुम चलाऊँ, अपना नाम करने में दूसरे को परेशान करूँ।" दुनिया में क्या हो रहा है, हिंदू नहीं जानता था और न जानने की कोशिश करता था। भारत धर्म से, राजा से, प्रजा से, जात-पात से, देश-विदेश, सारा का सारा समय एक

ऐसा लहर आ गया था जो सब कुछ खिचड़ी बनाकर नेहरू जी के हाथ में आ गया था, जो किसी को कुछ भी पता नहीं था। यहाँ तक कि महात्मा गांधी जी को भी नहीं पता था कि नेहरू जी क्या करेंगे, मगर सभी हिंदुस्तानी यही मानते थे कि जो महात्मा गांधी जी बोलेंगे, वही नेहरू जी करेंगे।

इधर संविधान भी तैयार हो गया था, मगर बाबा साहेब और जितने भी देशभक्त थे, वो समझ नहीं पा रहे थे कि नेहरू जी या गांधी जी इसको मान्यता देंगे कि नहीं देंगे। क्योंकि बाबा साहेब से लेकर देशभक्त संत-महात्मा, पंडित, सबका प्लान था कि हमारे छोटे जात के सब इतने ज्ञानी, धर्मात्मा नहीं हैं, तो अपना देश के प्रति, अपने धर्म के प्रति सबको एक बनाएँगे। क्योंकि पहले देश में कुछ विपत्ति या प्रलय होता था तो पंडित, संत-महात्मा पूजा-पाठ से अच्छा कर देते थे। यहाँ तक कि किसी को कोई बीमारी या कोई भी दुःख होता था तो संत-महात्मा, पंडित मंत्रोच्चार से ही ठीक कर देते थे। सभी के सभी हिंदू संत-पंडित के ही भरोसे चल रहे थे। अब कुछ के मन में होगा कि छोटी जात वालों को क्यों नहीं ज्ञान दिया जाता था, तो स्कूल में तो अभी भी सभी जाति के बच्चे जाते हैं, तो सब डॉक्टर, इंजीनियर थोड़ी न बन जाते हैं? उसी प्रकार, पहले सिर्फ एक धर्म के ही गुरुकुल चलते थे जिसमें छोटी जाति वाले जो भी थोड़े भी ज्ञानी होते थे तो उनको संत बना देते थे, क्योंकि संत कोई भी बन सकता है, मगर ब्राह्मण सब नहीं बन सकते हैं, क्योंकि इस धरती पर ब्राह्मण अभी तक सिर्फ दो ही बने हैं: एक क्षत्रिय कुल के विश्वामित्र, दूसरा डोम कुल के ऋषि वाल्मीकि ही ब्रह्म ज्ञानी कहलाए हैं, क्योंकि ब्राह्मण ज्ञानी होते ही हैं, भले ही धर्मात्मा हों या न हों। समस्त पंडित धर्मात्मा हैं या नहीं हैं, उसकी कोई गारंटी नहीं है, मगर सबसे ज्ञानी ज़रूर होते हैं। ये एकदम सत्य है। प्रत्येक जाति के धर्मात्मा हों या न हों, मगर ज़बरदस्ती ज्ञानी सबको बनाएँगे। यही योजना बाबा साहेब और संत-पंडितों की भी थी जिसमें एक बाधा लग रही थी दूसरे धर्म—मुसलमान और ईसाई। अब तीसरे लगने लगे नेहरू-गांधी जी।

तो बाबा साहेब के ग्रुप ने प्लान बनाया था कि जो-जो गाय का मांस खा के मुसलमान-क्रिश्चियन बन गया है, उन सबको एक अलग जगह देके धीरे-धीरे गाय खाने वाले सब मर जाएँगे तो फिर सब हिंदू ही रहेंगे। जिसमें नेहरू जी देखे कि हिंदू ज़्यादा नफ़रत नहीं करता है क्रिश्चियन से तो क्रिश्चियन को साथ रखो और हिंदुस्तान को टुकड़ा करके एक अलग देश पाकिस्तान मुसलमान के लिए घोषणा एक ही बार कर दिए। न कोई नहीं जानता था कि नेहरू जी और गांधी

जी ऐसा कर देंगे, कोई सोच भी नहीं सकता था कि अपने ही देश के नेता ऐसा कर देंगे। फिर कुछ ऐसी लहर चली कि मजहबी दंगे शुरू हो चुके थे हिंदू और मुसलमान में, मानो जैसे नफ़रत की आग पैदा हो गई हो। जिन्नाह साहब उसी वक़्त पाकिस्तान चले गए तो उनके साथ उनके गुट के आधे लोग उनके साथ पाकिस्तान चले गए और हिंदुओं को भगाने नहीं लगे, सीधा जान से मारने ही लगे। हिंदू बहन-बेटियों को गुलाम बना लिया। तो हिंदुओं में भी आक्रोश जाग गया कि हिंदुस्तान से भी सभी मुसलमानों को खदेड़ देंगे। फिर और तनाव शुरू हो गया, फिर दंगा...

"मेरा समर्थक पाकिस्तान नहीं जाना चाहता है।" कुछ मुसलमान, सो नेहरू जी जानते थे तो उन्होंने फिर ढाल बनाया महात्मा गांधी जी को। तो गांधी जी जानते थे कि ये मूर्ख नहीं हैं, मगर ये अपना शाही राज किसी भी तरह रहना चाहिए, बाकी दुनिया को क्या हो रहा है उससे थोड़ा भी मतलब नहीं। तो गांधी जी साफ मना कर दिए कि "जब तुम मुस्लिम पाकिस्तान अलग किया तो हमसे बोला था क्या? अब तुम किया है, तुम समझो। हमारा समझ जिस रोज तू अलग किया, उसी रोज ख़त्म हो गया।" गांधी जी नेहरू जी के साथ हमेशा इसलिए रहते थे जो अंग्रेज़ थोड़ा भी किसी हिंदुस्तानी का बात मानते थे तो सिर्फ एक नेहरू जी का, इसलिए जो नेहरू जी का शाही अंग्रेज़ से मिलता था तो अंग्रेज़ उनको अपना मानते थे तो नेहरू जी भी उन्हीं को अपना मानते थे। इसीलिए साथ रहते थे। गांधी जी, ये बात इधर कोई नहीं जानते थे। गांधी जी अंदर ही अंदर बहुत चिंतित हो रहे थे। वह यह सोच रहे थे कि अब मेरी बात कोई मानेगा भी नहीं और जो हो रहा है वो गांधी जी ही करवा रहे हैं। गांधी जी तो न घर के रहे न घाट के, ऐसा हाल था उनका।

नेहरू जी बहुत मौज किए। बहुत दिन तो देश में भी ऐसा माहौल हो गया अपने ही में अपने सब लड़ के मर रहे हैं, जो गुलामी से भी बेकार है, जिसका हाल दिखता ही नहीं है। इधर सारा देश गांधी जी का इंतज़ार कर रहे थे। थक-हार के गांधी जी ने एक नारा दिया, "ईश्वर अल्लाह तेरो नाम, सबको सन्मति दे भगवान।" और एक नारा, "रघुपति राघव राजा राम, पतित पावन सीताराम।" जो, "हे राघवेंद्र राघव, मेरे राम जी, अब पतित के हाथ में राज-पाठ चला गया है, अब पतित से आप ही बचाएँ, आपके सिवाय ये बात कोई और समझ नहीं सकता है, न सँभाल सकता है हिंदू हिंदुस्तान को।" तो 'ईश्वर अल्लाह एक है' के नारे पर हिंदुस्तान में हिंदू-मुस्लिम के बीच का तनाव कम हो गया। तब जाके नेहरू जी ने संविधान को स्थान दिया, मगर संविधान में है क्या उससे उनको कोई मतलब नहीं है, मगर लोग जाने जो अब देश संविधान से चलेगा।

मगर नेहरू जी तो अपने मन में जो आता था वही करते थे। लोग जानते थे कि जो संविधान में लिखा है और जो संविधान लिखे थे, वो देख रहे थे कि नेहरू जी-गांधी जी तो साफ संविधान का उल्टा कर रहे हैं। जिसमें संविधान सभा वाले सभी सिर्फ गांधी जी को बोलते थे और मन ही मन में क्रोधित होते थे। गांधी जी सब कुछ जानते हुए भी कुछ बोल नहीं पा रहे थे। नेहरू जी ने देश में एकबार फिर ऐसा माहौल बना दिया कि हिंदू को किसी पर विश्वास नहीं हो पाएगा। गांधी जी उसी गुस्से की आग में मारे गए।

नेहरू जी इंदिरा गांधी जी को भी यही समझाया कि दुनिया में जो भी हो, मन के अंदर जो हो वही करना चाहे दुनिया खुश रहे या नाराज़ रहे, क्योंकि दुनिया में अनेक प्रकार के लोग हैं, सबको प्रसन्न करना बहुत मुश्किल है। दुनिया की ख़ुशी के लिए अपनी ख़ुशी मत छोड़ना। जात, पात, धर्म, कर्म कुछ भी नहीं है। जो खुश होके मरेगा, वही खुश रहेगा। हिंदू की नेता इंदिरा गांधी को मुसलमान का भी नेता बनना था तो फ़िरोज़ खान से शादी कर ली। दो लड़के हुए, बड़ा संजय गांधी, छोटा राजीव गांधी। संजय गांधी की शादी हिंदू धर्म में हुई। राजीव गांधी को विदेश में शादी कराई, जो देश से विदेश तक और तीनों धर्म पर भी सिर्फ अपना ही राज चलेगा। जिसमें संजय गांधी हिंदू परंपरा को मानने वाले हो गए, उनका व्यवहार कुछ अलग था, भले ही राजीव गांधी विदेश में ईसाई धर्म में शादी की, वह भी चलेगा, मगर हम लोग हिंदू हैं, घर में हिंदू परंपरा चलनी चाहिए। अब इंदिरा जी भी परेशान रहने लगीं, घर में ही कलह-क्लेश, झगड़ा शुरू हो गया, क्योंकि इंदिरा जी तो एक अलग ही प्लान बना के घर को तीनों लोक का राजा बना चुकी थीं, मगर यहाँ एक की वजह से सब कुछ नष्ट हो रहा था। संजय गांधी को बहुत समझाया इंदिरा जी ने, अपने पिता नेहरू जी की बातें भी याद दिलाई, मगर संजय गांधी ने इंदिरा जी की एक भी बात नहीं मानी, वो अपनी ज़िद पर अड़े रहे कि हिंदू राज ही चलेगा। राजीव जी को धर्म से कोई लेना-देना नहीं था, देश-दुनिया से कोई मतलब नहीं था। संजय गांधी मर गए। अब इंदिरा जी राजीव जी को समझाने लगीं, मगर राजीव जी का मन नहीं था राजनीति करने का, "जो मैं राजा कहूँ, बगैर राजा कहीं आनंद हूँ।" वो माँ के पास जाते ही नहीं थे। इसलिए इंदिरा गांधी सोनिया गांधी को नेहरू जी का सभी योजनाओं के बारे में बताने लगीं, मगर सोनिया जी की भी क्या ही उम्र थी, दोनों तो नादान ही थे, 'हाँ में हाँ' लगा के सुन लेते थे, मगर वे भी कोई बात समझ नहीं पा रही थीं।

उधर संजय गांधी की धर्म पत्नी को घर से अलग कर दिया गया था, क्योंकि उनकी पत्नी मेनका गांधी को भी बहुत समझाया था इंदिरा गांधी जी ने, "जात-पात कुछ भी नहीं होता है," मगर मेनका गांधी भी अड़ी रहीं तो उनको घर से अलग कर दिया गया था। मेनका गांधी भी हिंदू समाज में ही रहना पसंद की, दलबदलुओं को छोड़ दिया। तो इंदिरा गांधी मन ही मन बहुत खुश थी कि चलो एक तो हमारी बातों को समझा, तभी उनकी भी मृत्यु हो गई। सभी देशवासियों ने एकतरफ़ा राजीव जी को राजा बना दिया, ताकि बहुत विपक्ष हो गए थे इंदिरा जी का। मगर जब इंदिरा गांधी मरी तो सबका सब एक मत से पूरा भारत में राजीव जी जीत के राजा बने, एक भी विपक्ष नहीं। मगर राजीव जी तो कुछ भी नहीं जानते, सोनिया गांधी भी जो राजीव जी चाहते थे, वही मानती थीं। तो राजीव जी को जितने नेता लोग थे, वो सब जो राजीव जी को बोलते थे तो राजीव जी यही कहते कि "आप लोगों को जो अच्छा लगे, वही करें।" तो इंदिरा गांधी के ग्रुप का राम राज आ गया। सभी ने अपने-अपने घर भर लिए। कुछ दिन के बाद राजीव गांधी भी मर गए तो सोनिया गांधी मन से टूट गई। भारत में इंदिरा गांधी, राजीव गांधी सबके चहेते थे, मगर ऐसी मृत्यु मिलेगी, किसी को कल्पना ही नहीं थी। सोनिया जी भी राजनीति में नहीं आना चाहती थीं। राजीव जी के बाद सोनिया जी का कोई भी अपना भारत में नहीं बचा था। बस सोनिया जी को दो बच्चे, प्रियंका और राहुल ही थे, जो बहुत छोटे थे। उधर मेनका गांधी के एक बच्चे का ही नाम मालूम है मुझे, 'वरुण गांधी', क्योंकि मेनका गांधी संजय गांधी के निधन के बाद राजशाही परिवार से बिल्कुल अलग हो गईं और गुमनाम हो गई। बहुत लोग तो जानते भी नहीं थे कि इंदिरा गांधी के दो बेटे थे। लोग सिर्फ राजीव जी को ही जानते थे। और सोनिया गांधी जानती थीं कि मेनका गांधी सही हैं, वो हमारे साथ रह सकती हैं मगर वो अपनी परंपरा नहीं छोड़ सकतीं और हम उस परंपरा में नहीं रह सकते हैं, क्योंकि सबसे बड़ा काँटा तो धर्म का ही था। सोनिया गांधी भारत में अकेली हो गई थीं। अपना कोई था तो विदेश मायके इटली के, तो मायके वालों ने बहुत समझाया, दबाव बनाया कि राहुल कुछ दिन में बड़ा हो जाएगा, फिर वो राज करेगा, राजशाही मत छोड़ो। तब जाकर सोनिया गांधी बहुत दिन के बाद मानी, मगर उनको राजनीति नहीं आती थी। राहुल जी को ज़बरदस्ती पार्टी का नेता बनाया गया और सोनिया जी के मायके वाले दिन-रात पंप से हवा भरने लगे।

राजनीति में राजा बनना आसान हो सकता है, मगर राज सँभालना बहुत ही कठिन है। राहुल

जी राजनीति में तो आ गए। इंदिरा गांधी जी हिंदुओं का अगर बुरा नहीं किया तो कुछ अच्छा भी नहीं किया, मगर देश को देश के लिए कुछ-कुछ अच्छा करती थीं और पार्टी के जितने भी नेता थे, उन सबको अपने नियंत्रण में रखा करती थीं, मगर इंदिरा गांधी के बाद राजीव जी के समय में पार्टी में ऐसा माहौल हो गया था कि सभी लोग खुद को पार्टी का नेता मानने लगे थे। "हमारा पार्टी को मानेगा उसको कुछ ही मिलेगा, बाकी अपना घर भरो जो पुश्त दर पुश्त भगवान जैसे राज करेगा।" जिसमें खिलौना बनके आ गए राहुल जी। तो भारत के महान परिवार से थे, मैं बड़ी यूनिवर्सिटी से पढ़ाई करके आए थे। राहुल जी ऐसा बन गए हैं जो वो यूनिवर्सिटी भी सोचता है कि "डिग्री का महानता दिखा रहा है, नासमझ कहाँ के! पैसा लुटा रहे हैं प्रदर्शन, धरना करा के।" और बात तो ऐसी करते हैं ज्ञान की पूछो मत। किसान को समझाया कि "गेहूँ किसान से लेता है 15 रुपए और दलिया बना के बेचता है 50 रुपए में, ताकि 5 रुपए एक किलो पर 5 रुपए फ़ायदा देता है और जो दुकानदार है, उनको 5 रुपए फ़ायदा है, बाकी किसान के पास से ले जाके कंपनी में दलिया बना के दुकान तक लाने वाले को एक किलो पर सिर्फ 1 रुपया ही फ़ायदा होता है, तब जा के 50 रुपए होता है।" तो किसान सब "50 रुपए दलिया है तो 25 रुपए हमसे गेहूँ ख़रीदो।" उसी में एक रोज राहुल जी बोले कि "हम ऐसा कर देंगे जो किसान बोएगा आलू निकलेगा सोना।" अब किसान तो मस्त हो गए कि "आज के ज़माने में हो सकता है।" और कोई ऐरोगैरो नहीं बोले हैं, देश-विदेश का अनुभवी भारत का होने वाला राजा बोले हैं। सारा का सारा किसान जहाँ-तहाँ रोड पर धरना, प्रदर्शन करके रोड जाम कर दिए। जितना पार्टी का नेता थे, नागरिक थे, कोई लुटा रहा है, कितना लूट रहा है जो अब क्या है, अब तो सोना का आलू ही निकलेगा, अब तो हम लोग मालामाल हो जाएँगे। तो दुनिया इंतज़ार कर रहा है कि कब सोना का आलू निकलेगा। तो राहुल जी का ऐसा-ऐसा बात सब बोलते हैं जो अब उनका नाम सुनने में ही माथा दर्द करने लगता है। बस एक ही नारा शुरू से लास्ट तक: जो "बेरोज़गारी, महँगाई, दलित, पिछड़ा, आदिवासी।" इससे आगे और कुछ आता ही नहीं है। जो पढ़ा-लिखा है उसको काम मिलता ही है और आज के ज़माने में जो महा-महा वज्र-मूर्ख हैं, जितना लँगड़ा, लूला, अपंग, कोई काम का नहीं जो दिखने में सुंदर हो या महा खराब हो, एक-दो नहीं, गिनती नहीं कर सकते, एक-दो देश नहीं, पूरा दुनिया में आज मोबाइल से कितना धनवान ही नहीं, महान कह रहे हैं। और जिनको आदत पड़ गया है सिर्फ धरना-प्रदर्शन करके भंडारा खाने का, तो उनको तो

काम भी ऐसा ही चाहिए जो "बाबू-बाबू" करके खिलाए और हमारे इशारे पर नाचे और हमको सेवा करे। मगर आज का ज़माना में कोई स्कूल गया है या नहीं, मगर मोबाइल पर रंग-बिरंग का देख के बूढ़ा तो दूर जाए जो थोड़ा भी कुछ बात समझने लगते हैं तो वो भी शादी लव-मैरिज लोग क्यों करते हैं तो जो बात सब समय पर अपने आप ज्ञान आ जाता है वो भी समय से पहले जान के जीवन नर्क बना लेते हैं। तो दुनिया कोई ज्ञान दे या न दे, स्कूल जाए या न जाए, घर बैठे मोबाइल से ज्ञानी बन गए हैं। राहुल जी जो भी बोलेंगे उनका ग्रुप वाले रोड पर ही आके रोड जाम कर देते हैं तो आम जनता भी परेशान रहता है और उनका ग्रुप वाले भी धीरे-धीरे परेशान हो रहे हैं कि पता नहीं कब कहाँ रोड जाम करना है। जिसमें नेहरू जी से राहुल जी को दुनिया जानते हैं कि महान परिवार का महान है, मगर ऐसा-ऐसा बात-विचार है राहुल जी का जो साफ नासमझ, नादान लगता है। जो राजा कहलाना तो दूर जाए, जितना उनका राजा सब बने थे, उनका भी नाक-कान कट रहा है। सब परेशान-परेशान हैं, समझदार से मूर्ख, अपने से पराए तक। आगे क्या होगा पता नहीं, मगर एक वंश उन सब महान का महत्व में ही है, न अपमान में ही है जो मेनका गांधी और वरुण गांधी गुमनाम हैं, मस्त से खाते हैं, चैन से सोते हैं। क्योंकि वो जानते हैं कि नकली राज कितना भी अच्छा कर ले, मगर वो नकली ही कहलाएगा। ये विश्वास था इसीलिए वो सारा सुख, महान कहलाने से अलग हो गए क्योंकि वो हिंदू हैं। तो हमारा कहना ये है कि छल से संपत्ति या सम्मान अर्जित किए थे, वो अपमान हो के, बदनाम हो के दुनिया के सामने हैं और बहुत पार्टी उनके साथ मिल के सरकार बनाए तो समस्त पार्टी नारा लगाए "महागठबंधन" मगर सब का सब "महाठगबंधन" कहला के नाक-कान पाए थे, उसी तरह खुशी-खुशी नाक-कान कटा रहे हैं, हँस के जो अब हम लोग सही हैं। जो परेशान-परेशान प्रयास कर के जो कम से कम एक बार फिर राजशाही मिल जाए, मगर राजशाही तो उतना दूर भाग गया है जो राजा भी नहीं कहलाते हैं जो कभी राजा था, मगर बदनामी का हुंडा (बोरा) का हुंडा गोदाम भरा है और भरा ही नहीं है, वेटिंग लिस्ट में सिर्फ बदनामी ही दिखता है!

तो हिंदुओं में एक कहावत है कि "भगवान के घर में देर है, मगर अंधेर नहीं है।" जिसका परिणाम साफ दिखता है कि जो नकली हिंदू बनकर हिंदुस्तान में बहुत राज किए, मगर परिणाम दुनिया के सामने है कि फिर हिंदुस्तान हिंदू के ही हाथ में आया, तो दुनिया भी उन हिंदू राजा से प्रसन्न है! तो यही है हिंदू और हिंदुस्तान का रहस्य कि हिंदू का तो दुनिया है, मगर हिंदुस्तान

सिर्फ हिंदुओं का ही रहेगा। क्योंकि शहर, सिटी से गाँव से जंगल, पहाड़ तक खोज लो, तो एक न एक संत-महात्मा जंगल में या पहाड़ में मिलेगा ही मिलेगा। प्रमाण है, मोबाइल में दिखता है, दुनिया खोज ले! क्योंकि हिंदू शक्ति पर नहीं, भगवान की भक्ति पर विश्वास करते हैं और किसी को मारने में नहीं, बचाने में देर करते हैं। कुछ न रहे, फिर भी कम से कम पानी लेकर तो ज़रूर स्वागत करते हैं। जिसमें एक ही बार ऐसा हिंदू राजा बना, ऐसा हिंदुस्तान को बदल दिया कि दुनिया तरस रहा है कि "वो हिंदू राजा हमारे देश को बदल दे तो हमारे देश को बदल दे।" सब तरसते हैं उनके लिए। ये है हिंदू का स्वाभिमान!

अब आइए, कुछ पाकिस्तान का भी बात हो जाए।

तो पाकिस्तान और हिंदुस्तान में इतना मार-काट चला जैसे रावण और राम का हो। मगर हिंदुस्तान हिंदू शांत हो गया महात्मा गांधी जी के नारे पर, मगर पाकिस्तान में ये नारा चला कि एक भी हिंदू को नहीं रहने दो, सबको मार दो। धीरे-धीरे पाकिस्तान भी पाकिस्तान में शांत हो गया। मगर कुछ समय के बाद, विदेश के कुछ अंग्रेज़ वाले और कुछ इस्लाम वाले एक समूह प्रतिनिधिमंडल बनाकर हिंदुस्तान का निरीक्षण करने आए जो आज़ादी के बाद क्या हाल है वो देखने के लिए। क्योंकि उस समय में इतना मीडिया, रिपोर्टर, देश-विदेश के समाचार का ज़माना नहीं था। तो वे सब आदमी हिंदुस्तान का निरीक्षण कर लिए। नेहरू जी राजा थे, तो नेहरू जी सब से बोले, "कैसा लगा, सब ठीक है?"

तो वे लोग उनसे साफ खुल के बात करते थे क्योंकि जानते थे कि नेहरू जी नाम का हिंदू है, मगर नेहरू जी हमारे सबका ग्रुप का ही आदमी है। जो हम लोग बोलेंगे नेहरू जी वही करेंगे। तो वो लोग बोले, "कौन कहता है जो भगवान नहीं है? क्योंकि हिंदू और हिंदुस्तान को कोई आदमी नहीं चला सकता। हिंदू और हिंदुस्तान को भगवान ही चलाते हैं। दूसरा कोई कुछ भी कर ले, कुछ नहीं हो सकता है। हिंदुस्तान हिंदू का ही रहेगा।"

तो नेहरू जी बोले, "वो कैसे?" तो वो लोग बोले, "हिंदू को तो समझो, हम लोग पूरा दुनिया में तो ख़त्म कर ही दिया, मगर हिंदुस्तान में हिंदू को ख़त्म करते-करते थक गए, मगर फिर पूरा हिंदुस्तान में हिंदू ही हिंदू दिखता है। जैसे एक भी हिंदू मरा ही नहीं है। दूसरा, हिंदू का दुश्मन हिंदू ही दिखता है। जैसे जो राम को पूजते हैं, वो राम को ही सबसे बड़ा बोलता है। जो कृष्ण को पूजते हैं, वो कृष्ण को ही सबसे बड़ा मानते हैं। जो शिव, शंकर, महादेव के पूजते हैं, वो महादेव

को ही सबसे बड़ा मानते हैं। तो 'हमारा ही सबसे बड़ा है' तो 'हमारा ही सबसे बड़ा है', कट्टर दुश्मन जैसे सब रहते हैं, मगर जब राम जी का उत्सव हो तो सबका सब एक ही तरह गाते, झूमते, नाचते हैं। शिव जी का उत्सव हो तो सब एक हो जाते हैं। तो ऐसा सिर्फ एक हिंदू में ही दिखता है जो सबका सब अलग भी है और सबका सब एक ही है। इसीलिए हिंदू धर्म का शक्ति ख़त्म करने के लिए कितना मंदिर, मूर्ति तोड़े, मगर कितना मंदिर भी नहीं टूटा, कितना मूर्ति भी नहीं टूटा। इसीलिए हिंदू हिंदुस्तान को भगवान ही चलाते हैं। कोई इंसान हिंदू का राजा हो ही नहीं सकता है। हिंदू का राजा केवल भगवान ही है।"

तब नेहरू जी बोले, "जो हमें क्या आदेश देते हैं करने को?" तो जितने प्रतिनिधिमंडल थे, वो बोले जो ये अच्छा किया जो हिंदुस्तान को टुकड़ा करके पाकिस्तान बना दिया। अब हम लोग पाकिस्तान जाएँगे और वहाँ निरीक्षण करेंगे। इसके बाद हम लोग आपको बुलाएँगे, तब आइएगा तो आगे क्या करना है, सो बोलेंगे। और सब चले गए पाकिस्तान। तो पाकिस्तान का निरीक्षण किए तो बहुत खुश हुए जो जैसा हम लोग चाहते थे, वैसा ही पाकिस्तान है। तो पाकिस्तान का भी राजा को बोले, "हम लोग जब आपको बुलाएँगे तो हमारे देश आना, आगे क्या करना है सो बताएँगे।" सब अपना-अपना देश चले गए।

तो वो लोग मीटिंग कर के दोनों देश हिंदुस्तान और पाकिस्तान के राजा, नेहरू जी और जिन्नाह जी को बुलाए। दोनों पहुँचे, मीटिंग में शामिल हुए तो सिर्फ हिंदू का ही बुराई और विनाश का प्लान बनाया गया। जो "पाकिस्तान को सारा दुनिया बम, बारूद, हथियार से भर देगा और जैसे पाकिस्तान से समझो हिंदू को ख़त्म ही कर दिया है, कुछ ही को रखा है झाड़ू-पोंछा, खेत में काम करने के लिए। ऐसे ही धीरे-धीरे हिंदुस्तान में हिंदू को थोड़ा-थोड़ा कर के हिंदू को ख़त्म कर देना है। तो कहाँ, कब क्या करना है, वो नेहरू जी बताएँगे। एक ही बार सब नहीं कूद जाना। धीरे-धीरे प्लान बना-बना के, क्योंकि हिंदू को ये न लगे कि हमको धर्म के नाम पर मारा जा रहा है। हिंदू को ये लगे जो कोई गुंडा, डकैत मारा है। किसी धर्म का नाम नहीं आना चाहिए, क्योंकि अगर धर्म के नाम पर हिंदू जाग जाएगा तो वो दुनिया को भी हिला सकता है बगैर बम, बारूद, हथियार के। इसीलिए गुंडा बन के हिंदू को मारना है और मारने से ज़्यादा हिंदू परंपरा, धर्म को गलत साबित भी करते रहना है, चाहे पैसा से माने या शराब, शबाब, छोकरी से माने। किसी भी तरह हिंदू ख़त्म हो जाए, जैसे दुनिया में कहीं भी हिंदू नहीं है, वैसे ही हिंदुस्तान में भी

हिंदू कोई न कहलाए। क्योंकि जितना हरा-भरा पानी, सबका सुविधा भारत में है, उतना कहीं भी नहीं है। तो पूरा भारत में सब जगह जंगल, पहाड़ से गाँव तक सिर्फ गाय को ही पालना है। दूध, दही, माखन, घी के लिए नहीं, सिर्फ हम लोग को गाय का मांस चाहिए जिसे हिंदू अपना माता से भी ज़्यादा गाय को माता मानते हैं। यही हिंदू में सबसे ज़्यादा बुराई हम लोग को लगता है।" "इसके लिए तुम लोग को जितना शराब, शबाब, संपत्ति, जो भी चाहिए हम लोग तुम लोग को पूरा देंगे। यहाँ तक कि तुम लोग को दुनिया का राजा बना देंगे, सिर्फ हिंदू परंपरा ख़त्म होना चाहिए किसी भी तरह।" यही सब आगे का प्लान बना जो हिंदू को मिटाना है।

तो नेहरू जी का ग्रुप और पाकिस्तान का मकसद अभी तक इसी में लगा है कि हम हिंदू को ख़त्म कर देंगे। तो जैसे नेहरू जी का ग्रुप में हिंदू ही क्यों न हो मगर पूरा भारत में उनको अपना से अलग मानते हैं और इज़्ज़त भी नहीं करना चाहता है, एक खराब, नीच दृष्टि से देखते हैं, जितने हिंदू हैं और लगता है वो ग्रुप अपना विचारधारा नहीं बदला तो हम को लगता है जो भविष्य में उस ग्रुप को खराब भी कर सकते हैं। ये पूरा हिंदू जान गया है कि पाकिस्तान तो आतंकवाद है ही, मगर नेहरू जी का ग्रुप उससे भी ज़्यादा खराब है। उसी प्रकार दुनिया भी अब जान गया है, देश-विदेश तो दूर जाए, इस धरती पर क्रूर, खतरनाक मानव दुश्मन का राजधानी कहीं है, तो वो सिर्फ एक छोटा सा देश पाकिस्तान ही है जो पूरा दुनिया को एक डर, भय का माहौल बना के रखा है।

और मनुष्य तो दूर जाए, मुसलमान धर्म का भी राजधानी पाकिस्तान ही है, ऐसा समस्त देश का मुसलमान मान के रखा है कि जब तक पाकिस्तान है, तब तक पूरा दुनिया में मुसलमान का ही राज चलेगा। मगर अब समय बदल चुका है जो आज पूरा दुनिया में पाकिस्तान के नागरिक को एक चोर, चूहड़ के नज़र से देखता है। चाहे पाकिस्तान का राजा हो या प्रजा हो, चाहे पाकिस्तान का अच्छा मुसलमान किसी भी मुसलमान देश में ही क्यों न जाए, मगर वहाँ का मुसलमान एक भय की नज़र से ही देखता है कि पता नहीं ये क्या कर देगा। क्योंकि पाकिस्तान का आदमी दिखता कुछ और है, बोलता कुछ और है, करता कुछ और है। यही है पाकिस्तान का छवि दुनिया में।

और आदमी तो दूर जाए, देश तो दूर जाए, मुसलमान धर्म को भी पूरा दुनिया में बदनाम कर दिया है। एक समय था जो मुसलमान धर्म पर कोई थोड़ा भी आँख करके देखा, उसका सर से धड़ अलग कर दिया जाता था और जो कोई मुँह से थोड़ा भी गलत बोला, उसका घर-खानदान को

ख़त्म कर दिया जाता था और जो देश थोड़ा भी गलत सोचा, उस देश को ख़त्म कर दिया जाता था। मगर एक पाकिस्तान के वजह से 20-5-2025 को हिंदुस्तान देश पुलवामा नगर में आतंकी हमला किया। जिसमें पूछ-पूछ कर मारा गया निर्दोष नागरिक को कि “जो कलमा आता है या नहीं?” जिसमें कितना हिंदू डर के मारे बोला भी कि हाँ, हमको कलमा आता है। तो उसको पूछा कि “पढ़ के बता।” तो नहीं बताया तो मार दिया गया। सिर्फ मर्द को, चाहे वो किसी का पति हो या पिता हो या पुत्र हो। और बोला गया कि “हिंदुस्तान के हिंदू राजा को बोल देना कि सबको ख़त्म कर देंगे, ये वार्निंग है, सिर्फ कलमा ही चलेगा हिंदुस्तान में।”

मगर उस कलमा का परिणाम उल्टा हो गया जो पूरा दुनिया में कलमा पर ही उंगली उठ गया एक ही बार। जिसमें दूसरा धर्म वाले तो दूर जाए, कलमा वाले भी कलमा वाले पर उंगली उठा के “गलत, खराब, मानव दुश्मन है तो कलमा वाले हैं।” तो धर्म के दुनिया में कलमा अपने आप सबसे नीचे स्थान पर आ गया है, ये भी पाकिस्तान का ही देन है। मुसलमान का अपमान हुआ, हिंदू, हिंदुस्तान, आदमी से लेके देश तक, देश से लेके धर्म तक मान-सम्मान अपने आप फर्स्ट स्थान पर आ गया। ये है हिंदू का समय का पहचान। दुनिया माने या न माने, हम तो घमंड में हैं ही। क्योंकि हिंदू के इतिहास में एक-दो नहीं, अनेक का परिणाम एक ही दिखा है जो जब-जब हिंदू विरोधी रावण पे अपना ही एक विभीषण उंगली उठाया जो हर पाप, कर्म कुछ समय तक ही राज कर सकता है, फिर नाश तो होना ही है, मगर कुछ नान (ना-नुकुर) कर्म ऐसा है जो नाश नहीं, विनाश कर देता है। तो रावण पर उंगली उठाया था कि ये काम गलत किया तो हिंदू विरोधी रावण का राज-पाट, कानून, व्यवस्था, रावण अपना भी बहुत परंपरा, कर्म, धर्म, नियम, निष्ठा सब दुनिया में लागू किया था, मगर एक उंगली के खातिर सब कुछ विनाश हो गया, सिर्फ नाम रह गया जो महान कहलाते, लात मारा गोसाई कहलाता है।

हिंदू विरोधी एक हिंदी फिल्म बना, ‘द कश्मीर फाइल्स’। उस फिल्म का बहुत जगह, बहुत लोग विरोध किया जो एक समुदाय, धर्म के प्रति झूठ, फ़ुसफुस, गलत दिखा के भड़का रहा है। मगर फिल्म में पता नहीं कितना पुराना समय का दिखाया गया है, मगर पुलवामा आतंकी हमला से ये साबित हो गया है कि वो फिल्म का बात सही था और आज भी है और आगे भी वो लोग वैसा ही रहेंगे, ये प्रमाण दे दिए हैं। उसी प्रकार, हिरण्यकश्यप हिंदू विरोधी था मगर एक उंगली प्रहलाद का पूरा साम्राज्य विनाश हो गया। उसी प्रकार, एक कृष्ण हिंदू विरोधी कंस का साम्राज्य

ख़त्म कर दिया। जिसमें एक धर्म, हिंदू विरोधी कलमा वाले पर पता नहीं कितना उंगली उठा है। आगे क्या समय होगा, पता नहीं, मगर दुनिया देखेगा।

आगे हिंदू हिंदुस्तान देश का भी बात हो जाए। देश आज़ाद के बाद राजा और प्रजा, उनका तो बात बता दिया हूँ। अब समझदार और देशभक्त का बात बताता हूँ। हिंदुस्तान का राजा नेहरू जी नाम का संविधान बोले, मगर संविधान को वो लागू नहीं करना चाहते थे जो "हमारा ही वंश सदैव राजा बन के राज करता रहे, भले ही कोई अच्छा करे या बुरा करे, राज हमारा ही हाथ में रहे।"

जिसमें जितने समझदार और देशभक्त थे, जो "देश कोई नियम-कानून से नहीं चल रहा है", तो सब देशभक्त मिलकर अनेक पार्टियों में एक पार्टी बनाए—भीम साहेब का जनता दल, चुनाव चिन्ह चक्र छाप। जिसमें जितने समझदार थे, उनको नेतागिरी करने के लिए छोड़ दिया गया और जितने देशभक्त थे, वो एक संगठन बनाए, राष्ट्रीय स्वयंसेवक संघ (आरएसएस), जिनका मकसद था कि "भीम साहेब का जनता दल पार्टी को कैसे भी सरकार बनाकर सत्ता को अपने हाथ में लेकर छोटे जात से बड़े जात तक को पढ़ा-लिखाकर समझदार सबको बनाना है।" जिसमें एक देश, अनेक भाषा है और एक भाषा है तो संस्कृत का, तो संस्कृत समझने के लिए बहुत भारी पड़ता है तो सिर्फ संत-महात्मा और पंडित ही जान पाते थे। तो एक भाषा बनाए हिंदी का जो सरल से सब जान जाएगा, क्योंकि पूरा देश में एक हिंदी सब जान जाएगा तो फ़ायदा यही होगा कि दूसरा-तीसरा भाषा वाले के पास भी जाएगा तो भले ही उसका भाषा न समझेगा, मगर एक हिंदी भाषा से तो सब, सबका बात समझ जाएगा। क्योंकि देशभक्त सबको बहुत दिक्कत होता था किसी का दुःख समझने में। जैसे पंजाबी गया कोलकाता, बंगाल में तो एक बंगाली पंजाबी को रोते, पुकारते, बिलख के बंगाली भाषा में बोला जो "वहाँ कुएँ में मेरा बच्चा गिर गया है, उसको निकाल दीजिए।" बोलते-बोलते बच्चा कुएँ में मर गया, मगर पंजाबी समझा ही नहीं तो करेगा क्या? अगर सब अपना भाषा के साथ-साथ एक हिंदी भाषा सब जान जाएगा तो सब निर्भय रहेगा कहीं भी आने-जाने में, क्योंकि ज्ञान जो भी प्राणी जितना सीखेगा, उस प्राणी का आत्मबल अपने आप में एक शक्ति का ऊर्जा आ जाता है।

मगर आज का कुछ पार्टी सत्ता में रहने के लिए अपने नागरिक को इतना भड़का के रखा है कि "मूर्ख ही रहो, हिंदी मत सीखो।" क्योंकि अगर हिंदी जान गया तो सब जगह का बात

समझने लगेगा, समझदार हो जाएगा, तो फिर हम हुकुम किस पर चलाएँगे? इसीलिए "हिंदी मत समझो, मूर्ख बन के गाँव में ही रहो ताकि मेरा राज चलता रहे।" क्योंकि "हिंदी सीख लेगा तो अपना परंपरा भूल जाएगा।" ताकि बिहार, यूपी, हरियाणा, राजस्थान, मध्य प्रदेश और अनेक होंगे हमें पता नहीं है, मगर इन राज्य सबमें पता नहीं कब से हिंदी में ही पढ़ाई करते हैं और अपना अक्षर लिखने-पढ़ने में भूल गए हैं, मगर अपना भाषा, परंपरा न कोई छोड़ा है और न छोड़ेगा, क्योंकि बिहारी रहता है अमेरिका में, मगर अपना परंपरा छठ माँ का पूजा अमेरिका में ही मनाते हैं। इसीलिए हिंदी मानो या न मानो, मगर हिंदी से बैर न करो। हिंदी परमाणु बम नहीं है जो हिंदी समझने वाला ब्लास्ट हो जाएगा। ज्ञान न पाने का कमी महसूस होता है तो ऐसा-ऐसा ही विचार था जनता दल, भीम साहेब का एक ग्रुप था जो "सरकार बनाकर एक अच्छा ढंग से प्रत्येक सरकारी विभाग को चलाएँगे।" और "गाँव-गाँव, प्रत्येक घर-घर जाके समस्त को एक जैसा सम्मान मिले", ये भार लिए थे आरएसएस संगठन। दोनों का तालमेल एक था। आज का संविधान जैसा बात नहीं था जो "कोट-पैंट पहन लिए तो हम भी बाबा भीम साहेब ही बन गए।" आज का समय यही चल रहा है। मगर उस संविधान का भाव अलग था एक करने का। जैसे प्रत्येक जात रहेगा ही रहेगा, उसको कोई नहीं बदल सकता है, क्योंकि जात तो बहुत बड़ा है, परिवार छोटा है तो परिवार में भी बड़े-छोटे में मान-सम्मान, भेदभाव अपना घर में भी होता है। जैसे बड़ा भाई लेबरगिरी, चपरासीगिरी करता है और छोटा भाई डॉक्टर बन जाएगा तो बड़ा चाहेगा कि "हमारा छोटा भाई डॉक्टर है तो हमें रिसर्चर समझो, क्योंकि मैं बड़ा भाई हूँ।" ये आज का समय का बात है, मगर घर से बाहर तक डॉक्टर को डॉक्टर जैसा ही सम्मान मिलता है तो न ही बड़ा भाई को अखरता है और न ही छोटा भाई को अखरता है। ऐसे ही बड़े जात और छोटे जात में जो जैसा है, उसको वैसा सम्मान देके सबको प्रसन्न रखेंगे।

जिसमें समय बीतता गया। भीम साहेब के ग्रुप सब दुनिया छोड़ के अपना-अपना धाम चले गए। जिसमें आरएसएस संगठन का मकसद आज भी वही रास्ते पर चलते हैं। मगर भीम साहेब का ग्रुप में जो नया-नया कार्यकर्त्ता सब आए, नेहरू जी का पार्टी को हरा के भीम साहेब के नाम पर सरकार बनाए, मगर सबका सब इसी में झूम के मस्त हो जाते कि "हमने भीम साहेब का सरकार बनाया, छोटा जात का ही सिर्फ हुकुम चलेगा।" जिसमें आरएसएस संगठन और भीम साहेब का ग्रुप दोनों में एक जैसा मेल नहीं मिल रहा था, धीरे-धीरे दोनों अलग हो गए।

जिसमें जनता दल, भीम साहेब का पार्टी चुनाव जीत के सरकार बना, राजा हुए विश्वनाथ प्रताप सिंह। उन्होंने सारा सिस्टम को उलटा-पुलटा कर दिए जैसे, "पढ़-लिख के महान नहीं बनना है, मगर जो-जो महान है, उसी को बदनाम, दुर्दशा करके, बड़े जात को, सेठ-धनवान को, बड़े पोस्ट ऑफिसर सबको ही नीच, भ्रष्ट, खराब, भेदभाव को जगा के बैकवर्ड-फॉरवर्ड बना के सरकारी ठप्पा लगा के अलग कर दिए।" जात-पात का भेदभाव पैदा हो गया जो अभी तक है। फिर दूसरा चुनाव आया जिसमें भीम साहेब का जनता दल पार्टी का चुनाव चिन्ह चक्र छाप को पूरा ग्रुप मिल के ख़त्म कर दिए। कोई लालटेन छाप बन गए तो कोई साइकिल छाप बन गए तो कोई हाथी छाप बन गए। मतलब भीम साहेब को मिटा के सब अलग-अलग पार्टी बना लिए जो "अब हम ही भीम साहेब हूँ", "तो मैं ही भीम साहेब हूँ।" अब समझने वाले समझ जाएँ जो भीम साहेब को मान-सम्मान करने वाला कौन है और भीम साहेब को बदनाम और मिटाने वाला कौन है।

तो इतना खेला-मेला के बीच में एक नया पार्टी भारतीय जनता पार्टी (बीजेपी) निकला जो धीरे-धीरे जनता में छाने लगा बीजेपी के नाम से और एक बार चुनाव जीत के पाँच साल सरकार बन के चलाए। फिर दूसरा चुनाव में हार गए। फिर चुनाव में हार गए। फिर चुनाव आया, फिर बीजेपी पार्टी पूर्ण बहुमत से सरकार बनाया जिसमें राजा बने नरेंद्र मोदी जी। तो मोदी जी का एक अलग हिस्ट्री है, सो भी कुछ जानना ज़रूरी है। मोदी जी पहले सिर्फ एक प्रदेश गुजरात का ही राजा थे। उस समय एक घटना घटा, एक रेलवे में कुछ हिंदू संत-महात्मा पूरा का पूरा भरा हुआ था एक बोगी में। जिसमें पता नहीं किससे क्या हुआ, मगर मुस्लिम इलाका जहाँ था, वहाँ पर रेलवे को ब्रेक लगाकर रोका और पहले से ही वो लोग सेटिंग करके रखे थे जो हमें घटना करना है। जैसे ही रेल रुका, वैसे ही उस मुस्लिम इलाका के बच्चे से बूढ़े, औरत से मर्द, सब का सब पत्थर लेके खड़े थे और चारों तरफ से रेल को घेर लिया और बोगी में सबका सब पत्थर मारने लगा। जितना रेल में पब्लिक था, वो कुछ समझ नहीं पाया और सब गेट, खिड़की बंद कर लिए। तब जिस बोगी में संत-महात्मा थे, उस बोगी में डीज़ल-पेट्रोल डाल के आग लगा दिया। गेट, खिड़की खोला तो पत्थर का बारिश, बोगी में है तो आग लगा हुआ। एक भी कोई नहीं बचा, सब जल के मर गए। (तब से ही रेलवे में एक खिड़की ऐसा दिया गया है इमरजेंसी जो अगर कोई गेट नहीं खुला तो उस खिड़की से आदमी निकल जाएगा)।

तो उस घटना पर हिंदू सबको बहुत दुःख और क्रोध भी आया तो प्रशासन, राजा, सरकार अपना मर्ज़ी से बगावत नहीं कर सकते, मगर पब्लिक, नागरिक, जनता जब बगावत करते हैं तो प्रलय से भी खतरनाक होता है। तो हिंदू बगावत पर आ गए। जिसमें कितना क्या हुआ, अत्याचार, सो पता नहीं मगर उन पर भी अत्याचार हुआ। जिसमें हिंदू को रेल में मारा गया उस पर कोई कहीं कुछ नहीं बोला अच्छा या बुरा, मगर जब मुसलमान पर हुआ तो पूरा दुनिया के लोग बोलने लगे कि बहुत गलत किया हिंदू। उसी पर पूरा दुनिया मोदी जी को बैंड लगा दिया जो "हमारे देश में मोदी जी नहीं आ सकते।" तो हमारे देश में मोदी जी नहीं आ सकते। तो मोदी जी भी कहीं नहीं गए, मगर समय बदला। प्रदेश से हट के देश का ही राजा बन गए। तो हिंदुस्तान तो हिंदुस्तान, पूरा दुनिया में जहाँ-जहाँ हिंदुस्तानी है, वहाँ-वहाँ मोदी-मोदी-मोदी का ही लहर सारा दुनिया भी धीरे-धीरे फैल गया। जो बैंड लगाया था, वो हटा दिया। मोदी जी पूरा दुनिया में छा गए। इज़्ज़त, मान-सम्मान, शांति से पूरा विश्व में एक सुख-शांति का दुनिया में ऐसा लहर जगा दिए जो प्रत्येक देश का नागरिक भी बोलना शुरू कर दिए जो "मोदी है तो सब सुख-शांति मुमकिन है।" पूरा दुनिया खुश हो गया।

मगर (मोदी जी हरेक अच्छाई के साथ हैं, चाहे कोई भी देश हो या कोई भी धर्म का हो या कोई भी जात का हो। शांति जो चाहते हैं, उनके साथ इज़्ज़त के साथ हैं और जो अशांति वाले हैं, उनका काल नहीं, महाकाल हैं मोदी जी। तो अशांति वाले के साथ बहुत हिंदू भी उनके साथ हैं। फिर भी दुनिया के नज़र में मोदी जी सिर्फ एक हिंदू का ही है क्योंकि मोदी जी को संत-महात्मा भी मानते हैं। तो दुनिया के नज़र में गाय को माता मानने वाले को जानवर समझते हैं जो "संत-महात्मा सब जानवर होते हैं, उनके लिए तो जंगल, पहाड़ बहुत है, वहाँ पर जा के घास-पात खा के जीवन जिएँ, उनको क्या मतलब राजा से या प्रजा से? वो क्या जानें जो आदमी क्या है?" मगर आदमी को भूल है और दूसरे धर्म का संत-महात्मा कितना आदमी को जानते हैं, ये हमें पता नहीं है, मगर हमारा हिंदू संत-महात्मा जंगल में रहने वाला, आदमी तो दूर जाए, धरती, आकाश, सूर्य, चाँद, तारे मतलब जितना दिखता है, वो तो दूर जाए, जो नहीं दिखता है, वो भी जानते हैं हिंदू का संत-महात्मा। इसीलिए दुनिया का बड़ा-बड़ा ज्ञानी, पैसा वाला, जितने बड़े-बड़े लोग हैं, वो सब चरण पकड़ के साथ रहना चाहते हैं। तो क्या वो सब लोग महा-जानवर हैं? नहीं, वो बड़े-बड़े लोग समस्त सुख भोग लिए हैं, मगर खुशी है क्या सो पता ही नहीं चला

तो भटकते-भटकते उसी संत के पास नंबर लगा के खड़े रहते हैं कि कब मेरा नंबर आएगा जंगल में जाने का। सारा का सारा संपत्ति सौंप के, जीवन भी सौंप देते हैं ताकि संत किसी को बुलाते नहीं हैं, उनके पास खुद-ब-खुद आदमी जाते हैं जिनके पास सारा का सारा सुख-शांति बगैर पैसा का मिलता है और वो संत-महात्मा जिसके बारे में सुख या दुःख सोच ही लेंगे तो उसको वैसा ही परिणाम होता है। फ़र्क ये है जो लोग सोचता है कि "गिर गए इसीलिए कमर टूट गया तो बीमारी परेशान है।" मगर संत जानते हैं जो उस कर्म का परिणाम है, अच्छा या बुरा क्या करने पर होता है। तो मोदी जी से संत प्रसन्न हैं तो मोदी जी पूरा दुनिया में घूम-घूम के बगैर कुछ लिए, बगैर कुछ दिए दुनिया में प्रसन्नता ला दिए हैं। मगर धीरे-धीरे संत राजा बनने आ रहे हैं तो बुरा का क्या हाल होगा, पता नहीं, मगर अच्छा को अच्छा होगा ही होगा, ये निर्विवाद अटूट सत्य है। तो कुछ दुनिया में साबित करना चाहते हैं अशांति वाले, जात-पात का हथियार बनाके, झूठ का नारा देके अशांति फैलाना चाहते, वो तब तक ही एक उंगली पर खड़े हैं, जब तक संत राजा का कुर्सी तक नहीं आए हैं। जिस रोज राजा का कुर्सी के पास आ गए, उस समय से ही अशांति वाले अपने आप ख़त्म हो जाएँगे क्योंकि उनको नहीं दिखता है मगर दुनिया को अशांति वाले का दुर्दशा क्या है सो दिखता है। अशांति वाले माने या न माने, इसीलिए मोदी जी को सिर्फ हिंदू का ही राजा है, यही दुनिया में नारा है)।

दुनिया प्रसन्न हो गया मोदी जी से, मगर हिंदुस्तान का मोदी जी को चाहने वाला जो आस लगाए थे, वो कुछ भी सगबुगाया भी नहीं तो चाहने वाला नाराज़ थे। तो मोदी जी जान गए जो "दुनिया हमसे प्रसन्न है, मगर अपना ही घर, देश हम से नाराज़ है।" फिर चुनाव आने वाला था तो मोदी जी जनता से जितना वादा किए थे, उस वादे में और बहुत वादा का नारा देने लगे तो उनका चाहने वाला फिर आस कर के राज गद्दी उन्हीं के हाथ में सौंप दिए। तो मोदी जी गद्दी पर बैठते ही शंख फूंकना शुरू कर दिए, जैसे राम मंदिर, तीन तलाक, 35A, 370, CAA, NRC, जिस कारण देश में अशांति था, उस सब को एक ही बार नया-नया कानून बना के रोज-रोज बिल पास होता रहा। अशांति वाले को कहीं छिपने के लिए कोई बिल भी नहीं दिख रहा था और किस तरह शांति को रोका जाए, वो भी कोई रास्ता नहीं दिख रहा था। मगर इस शांति को नहीं रोका गया तो अशांति ज़रूर एक ही झटके में ख़त्म करने पे भिड़ गए हैं मोदी जी। तो देश में एनआरसी को 'मुस्लिम निकाल कानून' का नारा देके चक्का जाम कर दिए, धरना-प्रदर्शन कर

के पूरा हिंदुस्तान जहाँ भी रोड पर निकलो, गाँव से शहर तक हर जगह धरना ही धरना। कानून, प्रशासन का भी कोई थोड़ा भी सुनना भी नहीं। सरकार को भी कुछ समझ नहीं आ रहा था जो "क्या किया जाए, कानून वापस लेंगे, अशांति रहेगा ही।" पूरा देश शांति और अशांति वाले दोनों परेशान-परेशान हैं। किसी को कोई रास्ता नहीं दिख रहा था। जिसमें पूरा विश्व का अशांति वाले ग्रुप, अशांति वाले को सब सुविधा से मदद कर रहे थे। तो "कर भला तो हो भला, जाके राखे साइयाँ, मार सके ना कोय।" तो चीन देश से कोरोना वायरस निकल के पूरा दुनिया को ही जान से मारते, आग की तरह फैल गया। जिसमें इतिहास गवाह है जो न ही कोई ऐसा महामारी या कोई ऐसा युद्ध या कोई ऐसा प्रलय इस दुनिया में हुआ ही नहीं है जो एक ही समय पूरा दुनिया कोरोना वायरस जैसा, पूरा दुनिया एक-दो दिन नहीं, एक साल पूरा दुनिया डर से अपना घर में भी चैन से कोई एक सेकंड भी नहीं रहा। जिसमें पूरा दुनिया सिर्फ तबाह-बर्बाद हुआ तो भारत भी दुनिया जैसे दुःख झेला है, मगर हिंदू सत्य पर अब चल चुका है। जिसे में जो साथ रहेगा, उसका अच्छा होगा और जो विरोध करेंगे, उनका विनाश कोई भी शक्ति रोक नहीं सकता, जैसे कोरोना वायरस से साबित हो गया है। भारत जो सरकार एक तरफ और विरोधी एक तरफ। जिसमें सरकार, सारा कानून, व्यवस्था, नागरिक भी साथ है, फिर भी लग रहा था जो सरकार को झुकना ही पड़ेगा, ऐसा विरोधी नाकों दम कर दिया था। मगर समय मोदी जी को सरकार को साथ दिया जो 'कोरोना' बगैर परिश्रम के, धरना-प्रदर्शन, शांति से अपने आप ख़त्म हो गया। यही है हमारे संत-महात्मा का आशीर्वाद का फल। प्रमाण है, चाहे दुनिया माने या नहीं माने, मगर नहीं मानने वाले दुर्दशा, दुःख पाने के लिए तैयार रहें।

सिर्फ एक हिंदू ही विश्व-शांति का नारा लगाता है, जिसमें मोदी जी विश्व-शांति का झंडा लेकर दुनिया में निकल चुके हैं। जिसमें जो भी देश या जो भी राजा या प्रजा साथ रहेगा, उनका सारा का सारा सुख-शांति अच्छाई के साथ दुनिया के इतिहास में सदैव नाम लेता रहेगा। और मोदी जी के जो भी समर्थक साथ रहके या दूर रहके, सिर्फ मन से ही करेगा उसको भी हमारा संत-महात्मा का आशीर्वाद कवच बनके जहाँ रहेगा, वही साथ देगा और मरने के बाद उन लोग सबको अपना-अपना धर्म के कर्म से स्वर्ग मिलेगा कि नहीं मिलेगा, मगर हमारे संत-महात्मा में वो शक्ति है जो कैसा भी कुकर्मी हो, उन पर दया आया तो नर्क से खींच लेंगे। और जिस पर प्रसन्न हुए, वो तो नर्क जाएगा ही नहीं। और जितना जो भी मोदी जी को मानता है, वो मर भी

जाएँगे तो हमारे हिंदू में एक-दो नहीं, अनेक त्योहार, भगवान का उत्सव आता है, उस सब में उन सबको बुला के मान-सम्मान करके फिर जहाँ थे, वहाँ भेज देंगे क्योंकि संत-महात्मा बहुत खुश हैं विश्व-शांति के नारे से। जिसमें मोदी जी के साथ विश्व-शांति के नारे में एक हाथ पकड़ के डोनाल्ड ट्रंप जी तो एक हाथ दुबई प्रिंस साहेब और सर पर मुकुट से शोभा बढ़ाते पुतिन साहेब को देखते हुए, भले ही किसी के मन में क्या है, वो तो पता नहीं। पूरा दुनिया के राजा से प्रजा मोदी जी के साथ हैं। समस्त का कल्याण होगा ही होगा क्योंकि अशांति वाले को कहीं छिपने का जगह नहीं दिख रहा है, मगर बुरे के लिए एक रास्ता सदैव खुला रहता है: "सरकार को तबाह करना छोड़ के सरेंडर करके अच्छाई के रास्ते पर चल दे तो परिणाम कितना सुंदर होगा?" जितना अच्छा का नाम नहीं होगा, उतना उससे कई गुना ज़्यादा बुरा करने वाला अच्छा बन गया, उस में इतिहास नाम पहले उनका ही लेगा। क्योंकि एक प्रमाण तो साफ दिखता है जो इतिहास में कहीं नहीं दिखता है कि मोदी जी जैसा विश्व-सम्राट बगैर कोई परिश्रम के समस्त देश का सर्वोच्च सम्मान आज तक किसी को नहीं मिला है। प्रमाण साफ दुनिया को दिख रहा है। उनके साथ भगवान रहते हैं, क्योंकि इस धरती पर राजा अनेक हुए हैं और अभी भी अनेक राजा हैं, आगे क्या होगा पता नहीं, मगर मोदी जी जैसा न ही कोई था और न कोई है।

तो जैसे मोदी जी, राम जी निकले तो हनुमान जी जैसा भक्त मिला जो राम जी से पहले आगे-आगे वही हर जगह धूम मचाते रहे। उसी प्रकार, मोदी जी को एक टीवी चैनल समाचार रिपब्लिक भारत का एंकर अर्नब गोस्वामी पूरा दुनिया में हिंदू का धूम मचा दिए। तो जैसे हनुमान जी को मेघनाद ब्रह्मास्त्र से बंदी बन गए थे, उसी प्रकार अर्नब गोस्वामी भी कुछ पल के लिए जेल गए थे, मगर फिर बाहर आ गए। मगर जो अर्नब गोस्वामी को जेल भेजे, वो परिवार, बाला साहेब, कट्टर हिंदू सम्राट कहलाने वाला हिंदू भी कहलाने के लायक नहीं दिख रहे हैं। प्रमाण है मोदी विरोधी होने का परिणाम है। कोई देश को किसी भी देश से युद्ध होता है तो मित्र देश सब बम, बारूद, तोप, मिसाइल, अणु-परमाणु से मदद करते हैं, मगर मोदी जी खाना-दवा लेके दौड़ते हैं जो "पेट में अगर थोड़ा भी दाना है तो महल तो दूर जाए, फुटपाथ, कंकड़ पर भी चैन का नींद आएगा। भूखे पेट महल, सोफा सेट पर भी नींद तो दूर जाए, मन चैन भी नहीं रहता है।" चाहे मित्र देश हो या दुश्मन देश हो या बगैर जान-पहचान का देश हो, मगर एक ही नारा, "सबका साथ, सबका विकास और सबको विश्वास" हो कि मोदी जी शांति ही चाहते हैं।

अब एक प्रमाण। एक समय पांडव पाँचों भाई माँ के साथ जंगल में थे तो एक जंगली आदिवासी हिडिंबा भीम को देख के मन ही मन सोची कि "काश ये हमसे शादी कर लेता तो मेरा भी बच्चा सुंदर मनुष्य कहलाता।" यही सोच के भाई का साथ छोड़ के भीम से आग्रह किया कि "आप हमसे शादी कर लीजिए।" भीम भी सब भाई, माँ के सहमति से शादी कर लिए। जिसमें एक पुत्र हुआ घटोत्कच जो महाभारत का युद्ध में कर्ण के हाथों मारा गया। और घटोत्कच का लड़का बर्बरीक भी सुना जो "महाभारत युद्ध हो रहा है तो अपनी माँ से पूछा कि "माँ, मैं भी युद्ध में लड़ना चाहता हूँ, मगर साथ किसका दूँ सो पता नहीं चलता है।" तो माँ उतना नहीं जानती थी कि किसलिए युद्ध हो रहा है, मगर दोनों अपना ही है, तो माँ बोली, "जा, तू हारे का सहारा बनना।" बर्बरीक चला युद्ध के ओर तो पता चला दुर्योधन पक्ष हार रहा है तो मन में ठान लिया कि "हमको दुर्योधन के पक्ष में लड़ना है, यही माता जी का भी वचन है।" तो अकेले एक बर्बरीक ऐसा शक्तिमान था जो अकेले ही युद्ध जीत जाएगा। तो भगवान श्री कृष्ण समझ गए कि ये तो उल्टा ग्रुप का मूड बना के आ रहा है। तो भगवान कृष्ण जी रास्ते में ही बर्बरीक के पास आए और समझाने लगे कि "तू गलत के तरफ युद्ध करने जा रहा है।" मगर बर्बरीक एक भी नहीं सुना और बोला, "मेरी माँ का कहना है जो हारे को सहारा देना।" तो भगवान बोले, "जो ठीक है, हमें सिर्फ एक वचन ही दे दो।" तो बर्बरीक बोले, "ठीक है, माँगिए आप जो माँगेंगे मैं पूरा करूँगा।" तो भगवान कटा हुआ सर माँगे। बर्बरीक गर्दन काट के दे दिया।

(एक बात ध्यान रखें: सत्य के चारों तरफ असत्य घूमता रहता है। जो भी थोड़ा असत्य करेगा, उसको तुरंत अपना झूठ की दुनिया में खींच के ले आएँगे, मगर झूठ के पास सत्य नहीं खड़ा रहता है। सत्य को खींचने के लिए झूठ को खुद सत्य के पास आना पड़ता है, इसीलिए सत्य में बहुत कष्ट होता है)। तो झूठ तुरंत कृष्ण जी के पास आया और बोला, "आप सत्य को झूठा कर दिए, अब आप भी झूठ को ही साथ दीजिए।" तो कृष्ण जी बोले, "जो, झूठ को मैं कैसे झूठ बोल के या कुछ पाप वाला काम किया हूँ? बता।" तो पाप बोला, "बर्बरीक का माँ का वचन था जो हारे का सहारा देना तो हारे का सहारा आप नहीं होने दिए, ये वचन को भंग किए। दूसरा, आप संकल्प लिए थे जो मैं अस्त्र या शस्त्र युद्ध में नहीं लूँगा, जिसे आप बर्बरीक का गर्दन काटके पापी हो गए।" तो कृष्ण जी बोले, "उसका माँ का वचन था जो हारे का सहारा देना तो शुरू से अभी तक हारा हुआ है पांडव, आगे परिणाम जो हो और मैं अभी युद्ध मैदान में नहीं हूँ जो मैं

शस्त्र नहीं उठा सकता।" सत्य के चारों तरफ झूठ घेरे रहता है, मगर झूठ को सत्य देखना भी नहीं चाहता है, इसीलिए सत्य में बहुत कठिनाई होता है क्योंकि सत्य एक-दो सत्य पर अपने तरफ नहीं, किसी को खींचता। बहुत सत्य होता है तब जाके अगरबत्ती के थोड़ा-थोड़ा टिमटिमाते हुए, थोड़ा सा रोशनी दिखता है तब सत्य किसी के तरफ देखता है, उसके बाद जाँचता है जो सत्य के साथ रहने लायक है या नहीं। मगर पाप थोड़ा भी हुआ तो पाप तुरंत खींच के ले जाता है, चाहे कितना भी बड़ा धर्मात्मा क्यों न हो जो "उस पाप किया तो उतना ही पाप को साथ दो, फिर चले जाना।" मगर वो छोटा सा पाप ऐसा दारू से भी अच्छा मस्त नशा में ले जाता है जिसमें वो मस्त इतना हो जाता है, उसका किया हुआ सत्य रोने लगता है और भागने लगता है। जिस रोज सारा सत्य भाग जाता है, उस दिन से वो आत्मा न ही घर का रहता है, न ही घाट का रहता है, क्योंकि पापी के पास जब तक सत्य है, तब तक ही पाप भी उसको आनंद में रखता है। सत्य निकला, पाप का भी आनंद निकला। जैसे दारू शुरू करने में आनंद आता है, उससे कई गुना ज़्यादा जब मालूम पड़ जाता है जो "दारू अमृत नहीं, ज़हर है", तब से ही वो ऐसा रोना रोता है जो इस दुनिया में वो किसी चीज़ से खुश नहीं हो सकता और दारू से निकलने का कोई रास्ता भी नहीं दिखता, मगर दारू तो चाहिए ही चाहिए चाहे कुछ भी हो तो नहीं चाहते भी अपना बच्चा को भी सीखा देता है ताकि वो पिए गा तो हमको भी पिलाएगा। तो यही परिणाम है पाप का और पुण्य का।

तो कृष्ण जी के पास से पाप तुरंत भाग गया तब कृष्ण जी बर्बरीक को आशीर्वाद दिए जो "युद्ध में तुझे कोई हरा नहीं सकता, पाप तेरे पास आ नहीं सकता, ऐसा महान इस धरती पर आज तक तो कोई नहीं हुआ है। आप महान हो। तो इस दुनिया में कोई आप पर भरोसा करे या न करे, मगर मैं श्री कृष्ण बोले मैं अपना नाम ही आप को देता हूँ जो कृष्ण का इस धरती पर जो भी धर्म, पुण्य, आनंद होगा, उसका आप ही सहारा रहिएगा। दुनिया ख़त्म हो सकता है, मगर पुण्य नहीं ख़त्म हो सकता है तो हम रहें या न रहें, मगर हमारा हरेक कर्म नहीं सिर्फ कृष्ण का पुण्य आप के ही पास रहेगा और पुण्य रहेगा तो आप मर भी नहीं सकते हैं, आप अपने आप अमर हैं।" दूसरा, "आप की दादी भीम से यही सोच के शादी की थी जो हमारा जो बच्चा हो वो जंगली आदिवासी नहीं, इंसान कहलाए, मगर धन्य वो सती नारी का भाव जो उनका लाडला अपने आप भगवान कह लाएँगे। खाटू श्याम के नाम से रहेंगे और आपको जो चाहेगा, उसको

अपने आप जीतने का सहारा मिलना शुरू हो जाएगा और आपके जो भी जितना समय आपका याद करेगा, उतना देर उसका जनम-जनम का पाप उसका भागता रहेगा और आपका भक्त को हमारा पुण्य, आनंद, सारा सुख-शांति, सुंदर-सुंदर अच्छाई जो दुनिया में आने वाला है, वो सब लेके मैं खुद हरपल आप के भक्त को हमारा रूप, शरीर दिखे या न दिखे, मगर मैं हाथ जोड़ के स्वागत करके सेवा करूँगा।" "इस धरती पर फर्स्ट आपको मैं अपना भगवान मानके ये भक्त अपना श्याम नाम को सौंपना चाहता हूँ। आपका शरण में अगर आप स्वीकार कर ले तो मैं धन्य हो जाऊँगा।" बर्बरीक प्रसन्न होके स्वीकार किए तब कृष्ण जी खाटू श्याम नाम का मुकुट पहना के आरती, वंदना करके गए।

हमारे धर्म की महानता और भगवान के नाम का कमाल आजकल लोग कहते हैं कि भगवान को मानना अंधविश्वास है, लेकिन मैं तो कहता हूँ कि भगवान के नाम में ही सब कुछ है। जैसा कि हनुमान जी ने साबित कर दिया था। राम जी जब इस धरती पर नहीं थे, तब भी उनका नाम था और जब वे वापस चले जाएँगे, तब भी उनका नाम रहेगा। हनुमान जी ने तो राम जी के सामने ही अपना सीना चीरकर दिखा दिया कि राम उनके अंदर बसते हैं। यह सिर्फ़ विश्वास की बात है, और यही विश्वास सबसे बड़ा है। जाति-भेद से ऊपर हमारा हिंदू धर्म हमारा हिंदू धर्म जाति-पाति से बहुत ऊपर है। इसमें छोटे से छोटा आदमी भी महान बन सकता है। देखिए, बाबासाहेब अंबेडकर और हमारे संविधान का सपना मोदी जी ने पूरा किया जब एक आदिवासी माता, द्रौपदी मुर्मू जी को देश का सबसे बड़ा पद यानी राष्ट्रपति का पद मिला। यह बताता है कि ज्ञान और आचरण सही हो तो कुछ भी नामुमकिन नहीं है। हमारे धर्म में महान राजा हरिश्चंद्र भी थे, जिन्होंने श्मशान में भी धर्म का साथ नहीं छोड़ा। भगवान ने उन्हें भी जीवित स्वर्ग भेज दिया। और काशी की बात क्या कहूँ? काशी जो शिवजी के त्रिशूल पर है, वहाँ ज्ञानवापी मंदिर को तोड़ना चाहा, पर तोड़ नहीं पाए। आखिर में, मंदिर के ऊपर मस्जिद का गुंबज बनाना पड़ा, जो दिखाता है कि भगवान की ताकत के आगे सब बेकार है। हमारे नकली भी असली से कम नहीं आज कुछ लोग गंगा को सिर्फ पानी कहते हैं और राम जी को काल्पनिक, लेकिन वे यह भूल जाते हैं कि इन्हीं राम और गंगा की वजह से ही वाल्मीकि और रविदास जैसे संत महान बने। हमारा धर्म इतना महान है कि रामानंद सागर की रामायण और बी आर चोपड़ा की महाभारत के नकली पात्रों ने भी लोगों को भगवान का अनुभव करा दिया। जब नकली किरदार इतने प्यारे

और सच्चे लगते हैं, तो सोचिए असली भगवान, राजा और भक्त कितने सुंदर होंगे! हिंदू जहाँ भी, वहाँ शांति और सम्मान आज हमारे हिंदू पूरी दुनिया में फैले हुए हैं और शांति से रहते हैं। मोदी जी के राज में तो यह और भी साफ दिखता है कि दुनिया के हर कोने में हिंदुस्तानी मौजूद हैं। हम जहाँ भी रहते हैं, उस देश का भला करते हैं। देखिए, ब्रिटेन के प्रधानमंत्री ऋषि सुनक भी हिंदू हैं, पर उन्होंने सबसे पहले अपने देश का सोचा, न कि सिर्फ़ हिंदुओं का। और अमेरिका में भी यही हुआ। जब राष्ट्रपति चुनाव में कमला हैरिस आई थीं, तब भी भारत के लोगों ने ट्रंप का साथ दिया, क्योंकि हम लोग जाति या धर्म नहीं देखते, हम काम देखते हैं। विश्वास ही सबसे बड़ी शक्ति है दुनिया भले ही न माने, पर हम हिंदू को इसका कोई गम नहीं है। गुस्सा तब आता है जब कोई हमारे धर्म को बदनाम करता है। हम वो लोग हैं जो सत्य पर विश्वास करते हैं। हनुमान जी का उदाहरण देख लीजिए, जिन्होंने पर्वत को भी हिला दिया। जब आप हनुमान जी जैसे भगवान पर विश्वास करते हैं, तो आपका जीवन भयमुक्त हो जाता है। आपको अपनी मौत का भी डर नहीं लगता। हमारा जीवन पहले क्या था और सत्य पर चलने के बाद क्या हो गया, यह हमें खुद ही समझ आने लगता है। हम अकेले भी खुश रहने लगते हैं। यह हमारा हिंदू धर्म ही है जो हमें कहीं भी, किसी भी हाल में, खुशी और सम्मान से रहना सिखाता है। हमारा धर्म और हमारा विश्वास कुछ लोग सोचते हैं कि हिंदू को मांस खिलाकर या कुछ और करके भ्रष्ट कर सकते हैं। लेकिन यह उनकी भूल है। हमारा धर्म इतना बड़ा है कि इसमें हर तरह के लोग हैं। जो लोग माँस खाते हैं, वे भी हमारे अघोरी साधु कहलाते हैं। ये अघोरी वो हैं जो श्मशान में रहते हैं, माँस खाते हैं, फिर भी उनके पास वही शक्ति और भगवान रहते हैं जो किसी शाकाहारी संत या पंडित के पास होते हैं। तो कोई हिंदू को मांस खिलाकर भगवान से दूर नहीं कर सकता, न ही वो भ्रष्ट हो सकता है। बस मन में यह विश्वास होना चाहिए कि अगर हमारा कर्म, विचार और आचरण सही है, तो भगवान हमेशा हमारे साथ हैं।

रूप नहीं, गुण का मोल है जो लोग अपने रूप-रंग पर घमंड करते हैं, उन्हें एक बार हमारे नागा साधुओं को देखना चाहिए। वे नंगे रहते हैं और उनके पास कोई मोह-माया नहीं होती। उनके पास जाने पर ही समझ आ जाता है कि रूप का कोई मोल नहीं है, मोल तो सिर्फ गुणों का है। समय के पार और संतों की शक्ति दुनिया में हर चीज़ के लिए एक समय होता है। जैसे माँ को अपने बच्चे के जन्म के लिए नौ महीने इंतज़ार करना ही पड़ता है। लेकिन हमारे धर्म में ऐसे संत

हुए हैं, जो समय को भी अपने हिसाब से चला सकते थे। जैसे, वाल्मीकि ऋषि ने बिना नौ महीने इंतज़ार किए, तुरंत कुश को प्रकट कर दिया और सीता माता को सौंप दिया।

इसी तरह, पराशर ऋषि ने नदी में एक छोटी लड़की को जवान बनाया, उससे संभोग करके तुरंत बच्चा पैदा किया और फिर उसे वापस बच्ची बना दिया। यह सब उन्होंने धुंध (कोहरे) के अंदर किया ताकि कोई देख न पाए। यही बच्चा बाद में वेदव्यास जी कहलाए। वेदव्यास जी, जो भीष्म पितामह के सौतेले भाई थे, इतने महान थे कि उन्होंने महाभारत का युद्ध देखने के लिए संजय को दिव्य दृष्टि दी और गणेश जी से गीता लिखवाई। वेदव्यास जी का एक और पुत्र हुआ, शुकदेव मुनि, जो आज भी धरती पर बच्चे के रूप में मौजूद हैं। उनका हाथ किसी के सर पर पड़ जाए, तो उसकी सारी उम्र बचपन में ही बीत जाती है। बड़े-बड़े संत भी सिर्फ उनकी एक झलक पाने के लिए तरसते हैं। खुशी और गम का असली मतलब मुझे किसी से न तो नफरत है, न ही किसी से प्रेम है। क्योंकि मैंने आज तक न तो पूरी तरह खुशी महसूस की है और न ही पूरा दुख। मैं मानता हूँ कि अगर मैं दुख में हूँ, तो वह मेरे ही कर्मों का फल है। मेरा दुश्मन बाहर नहीं है, मेरा दुश्मन तो मेरा अपना गलत कर्म है। दुनिया में भले ही देश, धर्म और जातियाँ अलग-अलग हैं, लेकिन हम सब सबसे पहले इंसान हैं। हर भगवान ने इंसान को सुख ही दिया है, दुख नहीं। जो भगवान दुख देता है, वो भगवान नहीं शैतान है।

हमारा हिंदू धर्म ही एक ऐसा धर्म है, जो इस धरती पर अजर-अमर है। हम हिंदुओं ने बहुत दर्द झेला है, पर हमारा धर्म कभी खत्म नहीं हुआ। मैं महान बनूँ या न बनूँ, पर महानता के साथ रहने से अपने आप महानता आ जाती है। इसलिए मैंने ये सब बातें सबके सामने रख दीं।

सबसे बड़ा रक्षक भगवान ही है आजकल मोबाइल के ज़माने में सब कुछ सामने है। दुनिया में हर देश के पास अपनी रक्षा के लिए सेना है, लेकिन हमें यह भी सोचना चाहिए कि किसी भी धर्म की रक्षा किसी राजा, देश या धनवान के भरोसे नहीं होती। उसकी रक्षा सिर्फ और सिर्फ भगवान के भरोसे होती है। हमारा धर्म ही एकमात्र ऐसा धर्म है जो सदियों से बिना किसी बाहरी भरोसे के, सिर्फ अपने विश्वास के दम पर कायम है। हमारे अजर-अमर सैनिक: नागा साधु और संत दुनिया में हर धर्म की रक्षा के लिए लोग, सेना या धनवान होते हैं, पर हमारा हिंदू धर्म ऐसा है जिसकी रक्षा करने वाले अनगिनत हैं, और वो किसी राजा या प्रजा के भरोसे नहीं रहते। वे सिर्फ़ भगवान के भरोसे रहते हैं। जब कुंभ का मेला लगता है, तो यह साफ़ दिखता है। हमारे

नागा साधु, संत और अघोरी पता नहीं कहाँ से आते हैं और कहाँ चले जाते हैं। ये कई युगों से हैं, इन्हें पहचानना नामुमकिन है। ये इतने शक्तिशाली होते हैं कि बिना तोप, मिसाइल या परमाणु के सिर्फ़ अपनी नज़र या इशारे से कुछ भी कर सकते हैं। ये कुंभ के बाद कहाँ चले जाते हैं, कोई नहीं जानता। यह एक प्रमाण है कि हमारे धर्म को कोई ख़त्म नहीं कर सकता। अगर कोई हमारे धर्म या धर्मात्मा पर बुरी नज़र डालता है, तो यही नागा साधु उस बुराई का विनाश कर देते हैं।

बदलता समय और भगवान का चमत्कार 2013 के महाकुंभ के बाद, 2014 में सरकार बदली और मोदी जी आए। पूरी दुनिया ने देखा कि कैसे हिंदू धर्म का परचम लहराया। धीरेंद्र कृष्ण शास्त्री जी जैसे संत ने शांति से अपनी बात से दुनिया को दिखाया कि हिंदू धर्म कितना महान है।

एक और प्रमाण यह है कि 2013 के कुंभ के बाद, हर हिंदू के हाथ में कछुए की अंगूठी अपने आप आ गई। यह दिखाता है कि 2025 का महाकुंभ सब की मनोकामना पूरी करने वाला है। हमारे पूर्वज जिस सुख की कल्पना भी नहीं कर सकते थे, वह सब आज हमारे पास है। पहले तपस्या से मिलने वाला पुष्पक विमान, आज हवाई जहाज़ के रूप में सबके लिए उपलब्ध है। हर घर में टीवी है, और हाथ में मोबाइल है, जिससे सब कुछ देखा जा सकता है। हमारे पूर्वजों ने जिन चीज़ों के लिए तरसा, वो सब आज हमें आसानी से मिल रही हैं। आने वाली पीढ़ियाँ इस समय को याद करके तरसेंगी, क्योंकि 2025 के महाकुंभ के बाद, धीरे-धीरे बहुत-सी चीज़ें ख़त्म होती जाएँगी, और उन्हें पाने के लिए सिर्फ़ धर्म के रास्ते पर ही चलना होगा।

विश्वास और आस्था का महासागर 2025 के महाकुंभ में प्रयाग राज में 65 करोड़ लोगों ने डुबकी लगाई। इससे भी ज़्यादा लोग वहाँ नहीं पहुँच पाए, पर जहाँ थे, वहीं से प्रणाम करके खुश हुए। और उनसे भी कई गुना ज़्यादा लोग मोबाइल पर देखकर तरसते रहे कि काश वे भी हिंदू होते और हिंदुस्तान में जन्म लेते। इतना विश्वास और आस्था किसी और धर्म में नहीं दिखता। यह किसी आदमी का नहीं, बल्कि हिंदू धर्म का ही कमाल है।

आजकल विदेशी और दूसरे धर्म वाले भी बिना किसी ज़ोर-ज़बरदस्ती के खुद ही हिंदू धर्म अपना रहे हैं। लेकिन हम हिंदुओं को उन पर पूरा भरोसा नहीं होता, क्योंकि हम जानते हैं कि हमारे लोगों को मार-पीटकर या बहला-फुसलाकर दूसरे धर्मों में ले जाया जाता है।

सही कर्म का फल और ध्रुव तारा इतिहास गवाह है कि हिंदू हमेशा कुकर्मी से नफ़रत करते

हैं, इसलिए नहीं कि वे बात नहीं मानते, बल्कि इसलिए ताकि दूसरे लोग ख़राब न हो जाएँ। हम जानते हैं कि गलत कर्म का फल दुख ही होता है, जिसे कोई भगवान नहीं बदल सकता। हमारे धर्म में ध्रुव तारा इसका सबसे बड़ा प्रमाण है। एक छोटा बच्चा, ध्रुव, जिसने सबसे कम उम्र में भगवान विष्णु को इस धरती पर प्रकट किया। भगवान ने उसे तारे के रूप में अमर कर दिया। नारद मुनि ने जब ध्रुव के लिए प्रार्थना की, तो भगवान विष्णु ने कहा, "जो खुद मेरे पास चलकर आता है, उसी को सब कुछ मिलता है। मैं न किसी को जबरदस्ती लाता हूँ, न किसी को छोड़ता हूँ। जो आएगा, वह पाएगा। जो नहीं आएगा, वह अपना जीवन गँवाएगा।" यही फ़र्क है अच्छे और बुरे कर्म करने वाले में।

नाम का जादू और हमारी अमरता जब एक इंसान मरता है, तो उसका शरीर तो ख़त्म हो जाता है, पर जिसका नाम धरती पर रहता है, उसका नाम अमर हो जाता है। मरने के बाद भी उस नाम में वो शक्ति रहती है जो इंसान ने सोची थी। जैसे, कोई भैंस का शरीर लेकर भी शेर को पटक सकता है। यही नाम का परिणाम है।

हमारे नागा साधु, संत और अघोरी सिर्फ़ भगवान के भरोसे रहते हैं। वो कहाँ रहते हैं, क्या खाते हैं, कोई नहीं जानता, पर कुंभ में लाखों की संख्या में दिखते हैं। जब तक वे हैं, तब तक हमारा हिंदू धर्म ख़त्म नहीं हो सकता। यह अटल सत्य है।

हमारे अजर-अमर सैनिक: नागा साधु और संत दुनिया में हर धर्म की रक्षा के लिए लोग, सेना या धनवान होते हैं, पर हमारा हिंदू धर्म ऐसा है जिसकी रक्षा करने वाले अनगिनत हैं, और वो किसी राजा या प्रजा के भरोसे नहीं रहते। वे सिर्फ़ भगवान के भरोसे रहते हैं। जब कुंभ का मेला लगता है, तो यह साफ़ दिखता है। हमारे नागा साधु, संत और अघोरी पता नहीं कहाँ से आते हैं और कहाँ चले जाते हैं। ये कई युगों से हैं, इन्हें पहचानना नामुमकिन है। ये इतने शक्तिशाली होते हैं कि बिना तोप, मिसाइल या परमाणु के सिर्फ़ अपनी नज़र या इशारे से कुछ भी कर सकते हैं। ये कुंभ के बाद कहाँ चले जाते हैं, कोई नहीं जानता। यह एक प्रमाण है कि हमारे धर्म को कोई ख़त्म नहीं कर सकता। अगर कोई हमारे धर्म या धर्मात्मा पर बुरी नज़र डालता है, तो यही नागा साधु उस बुराई का विनाश कर देते हैं।

बदलता समय और भगवान का चमत्कार 2013 के महाकुंभ के बाद, 2014 में सरकार बदली और मोदी जी आए। पूरी दुनिया ने देखा कि कैसे हिंदू धर्म का परचम लहराया। धीरेंद्र

कृष्ण शास्त्री जी जैसे संत ने शांति से अपनी बात से दुनिया को दिखाया कि हिंदू धर्म कितना महान है।

एक और प्रमाण यह है कि 2013 के कुंभ के बाद, हर हिंदू के हाथ में कछुए की अंगूठी अपने आप आ गई। यह दिखाता है कि 2025 का महाकुंभ सब की मनोकामना पूरी करने वाला है। हमारे पूर्वज जिस सुख की कल्पना भी नहीं कर सकते थे, वह सब आज हमारे पास है। पहले तपस्या से मिलने वाला पुष्पक विमान, आज हवाई जहाज़ के रूप में सबके लिए उपलब्ध है। हर घर में टीवी है, और हाथ में मोबाइल है, जिससे सब कुछ देखा जा सकता है। हमारे पूर्वजों ने जिन चीज़ों के लिए तरसा, वो सब आज हमें आसानी से मिल रही हैं। आने वाली पीढ़ियाँ इस समय को याद करके तरसेंगी, क्योंकि 2025 के महाकुंभ के बाद, धीरे-धीरे बहुत-सी चीज़ें ख़त्म होती जाएँगी, और उन्हें पाने के लिए सिर्फ़ धर्म के रास्ते पर ही चलना होगा।

विश्वास और आस्था का महासागर 2025 के महाकुंभ में प्रयाग राज में 65 करोड़ लोगों ने डुबकी लगाई। इससे भी ज़्यादा लोग वहाँ नहीं पहुँच पाए, पर जहाँ थे, वहीं से प्रणाम करके खुश हुए। और उनसे भी कई गुना ज़्यादा लोग मोबाइल पर देखकर तरसते रहे कि काश वे भी हिंदू होते और हिंदुस्तान में जन्म लेते। इतना विश्वास और आस्था किसी और धर्म में नहीं दिखता। यह किसी आदमी का नहीं, बल्कि हिंदू धर्म का ही कमाल है।

आजकल विदेशी और दूसरे धर्म वाले भी बिना किसी ज़ोर-ज़बरदस्ती के खुद ही हिंदू धर्म अपना रहे हैं। लेकिन हम हिंदुओं को उन पर पूरा भरोसा नहीं होता, क्योंकि हम जानते हैं कि हमारे लोगों को मार-पीटकर या बहला-फुसलाकर दूसरे धर्मों में ले जाया जाता है।

सही कर्म का फल और ध्रुव तारा इतिहास गवाह है कि हिंदू हमेशा कुकर्मी से नफ़रत करते हैं, इसलिए नहीं कि वे बात नहीं मानते, बल्कि इसलिए ताकि दूसरे लोग ख़राब न हो जाएँ। हम जानते हैं कि गलत कर्म का फल दुख ही होता है, जिसे कोई भगवान नहीं बदल सकता।

हमारे धर्म में ध्रुव तारा इसका सबसे बड़ा प्रमाण है। एक छोटा बच्चा, ध्रुव, जिसने सबसे कम उम्र में भगवान विष्णु को इस धरती पर प्रकट किया। भगवान ने उसे तारे के रूप में अमर कर दिया। नारद मुनि ने जब ध्रुव के लिए प्रार्थना की, तो भगवान विष्णु ने कहा, "जो खुद मेरे पास चलकर आता है, उसी को सब कुछ मिलता है। मैं न किसी को जबरदस्ती लाता हूँ, न किसी को छोड़ता हूँ। जो आएगा, वह पाएगा। जो नहीं आएगा, वह अपना जीवन गँवाएगा।" यही फ़र्क है

अच्छे और बुरे कर्म करने वाले में।

नाम का जादू और हमारी अमरता जब एक इंसान मरता है, तो उसका शरीर तो ख़त्म हो जाता है, पर जिसका नाम धरती पर रहता है, उसका नाम अमर हो जाता है। मरने के बाद भी उस नाम में वो शक्ति रहती है जो इंसान ने सोची थी। जैसे, कोई भैंस का शरीर लेकर भी शेर को पटक सकता है। यही नाम का परिणाम है।

हमारे नागा साधु, संत और अघोरी सिर्फ़ भगवान के भरोसे रहते हैं। वो कहाँ रहते हैं, क्या खाते हैं, कोई नहीं जानता, पर कुंभ में लाखों की संख्या में दिखते हैं। जब तक वे हैं, तब तक हमारा हिंदू धर्म ख़त्म नहीं हो सकता। यह अटल **सत्य है।**

हम सब इंसान दिमाग में एकदम सोच लिए हैं जो हम इस देश के हैं तो वो उस देश का हैं यह देश वाले सब एक हैं दूसरा देश वाला दूसरा है मगर वे सोच गलत है हम जितने इंसान हैं चाहे इस देश के हों या उस देश का हों समस्त इंसान पहले एक ही धरती के हैं क्योंकि धरती एक है।

समस्त इंसानों का सूर्य एक ही है चाँद एक है, तारे भी एक जैसे, एक जैसा सूर्य, चाँद, तारा सब दिखता है ठीक उसी प्रकार जहाँ तक धरती है वहाँ तक एक ही तरह दिखता है।

हरेक इंसान का रंग रूप अलग-अलग है मगर बनावट एक ही है जैसे हाथ-पाँव, नाक, कान सब एक ही तरह के हैं। सोच भी एक ही तरह की है। जैसे मैं अच्छा-अच्छा खाना खाऊं, अच्छी-अच्छी जगह घुमूं, देखूं, सुनूं, बोलूं, अच्छे-अच्छे कपड़े पहनूं, अच्छा महल हो,अच्छी गाड़ी, अच्छा पति मिले, अच्छी पत्नी मिले, अच्छा बाल-बच्चा हो मतलब एक इंसान की सोच, सपना और इच्छा रहती है वैसा ही प्रायः सब इंसान की एक ही रहता उसी प्रकार से जैसे सभी इंसानों को छोटा हो या बड़ा हो, इस देश का हो, या उस देश का हो,मगर नमक का स्वाद एक जैसे ही अच्छा लगता है, नमक कम है तो सबको कम ही लगेगा ज्यादा है तो ज्यादा ही लगेगा ठीक है तो ठीक ही लगेगा तो भले ही शरीर के बाहर अनेक में हमें वो पसंद है तो हमें वो पसंद है, हमें वो चाहिए तो हमें वो चाहिए, मगर शरीर के अंदर प्रत्येक इंसान का एक ही तरह है जैसे बच्चा गर्भ लेते समय संभोग के समय जैसा इस इंसान को आनंद आता उसी प्रकार समस्त इंसान को उसी प्रकार आनंद आता।

हम समस्त इंसान एक धरती के प्राणी हैं और धरती पर जितना है जो भी है उस सब का एक ही सूर्य, चांद, तारा, हवा, पानी समस्त चीजों के लिए एक ही है किसी के लिए कम ज्यादा नहीं

है भले ही कहीं दिन हो कहीं रात मगर जहाँ दिन है वैसा ही दिन दूसरा जगह भी होता है जहाँ रात हो वहाँ एक ही तरह रात होती है रात में जहाँ से जो तारा दिखता है वही तारा हर जगह से एक ही तरह दिखता है।

नौ महीने में बच्चा पैदा होगा तो प्रत्येक को नौ महीने में ही बच्चा होगा जैसे एक इंसान बच्चे से बूढ़ा होता है, धीरे-धीरे रोज-रोज उसी प्रकार समस्त इंसानों का भी होता है तो समस्त इंसान एक ही हैं। जैसे एक को सादा पानी अच्छा लगता समुद्र का खारा पानी अच्छा नहीं लगता तो समस्त इंसान को सादा पानी ही अच्छा लगता समुद्र का खारा पानी अच्छा नहीं लगता।

तो समस्त इंसानों की धरती एक है सूर्य एक है, चांद, तारे, पानी, हवा, आग सब एक है तो एक जगह से दूसरे जगह के हो सकते हैं मगर एक इंसान से दूसरे इंसान जैसा ही रहेगा अलग नहीं होगा तो हम इंसान एक धरती, सूर्य, चांद सबका ही है। हम अपने आपको अलग देश अलग इंसान हूँ, वो दूसरा है जो ऐसा सोच के चलेगा वो जीवन भर भटकता ही रह जाएगा क्योंकि दूसरे देश का भी इंसान एक जैसा एक धरती पर ही है तो जो एक मान के चलेगा सबसे मिल के रहेगा, वही असली खुशी आनंद में रहेगा और जो दूसरा समझ के नफरत, गुस्सा, झगड़ा करेगा या सोचगा ही तो वो खुश, शान्ति आनंद में नहीं रह सकता।

तो आजकल नफरत गुस्से का जमाना है एक धरती एक इंसान के रहते भी अनेक मानते हैं जैसे मैं इस देश का हूं तो वो दूसरे देश का है। मैं अपने ही देश को खुश करू तो अपना ही देश को खुश करूँ। जिसमें आज तक कोई अपने ही देश को खुश नहीं कर पाया क्योंकि दूसरे देश से नफरत करते उस नफरत की खातिर जो वो दूसरा है हम उसको कैसे भी बरबाद कर देंगे। इतने हथियार, बम, बारूद, तोप, मिसाइल, परमाणु, अणु से आईएस सब बनाने में परेशान रहते हैं।

जो घर नफरत से भरा है जो वो दूसरा है तो वो दूसरा है दूसरे देश से जो जितनी नफरत करेगा वो उतना अपने देश से परेशान रहेगा और जो ये सोचेगा वैसे चलो जैसा देश है, सब अपने आदमी सब हैं वैसे ही दूसरे भी हैं दूसरे को भी अपने ही जैसा समझो जो जैसा दर्द हमको होता है वैसा ही दर्द उसको भी होगा हम सब इंसान एक ही हैं कुछ भी हो न हो हम दूसरे इंसान को खत्म नहीं कर सकते ना ही दूसरा देश को खत्म कर सकते हैं थोड़े ही दिन तक परेशान कर सकते हैं मगर खत्म नहीं कर सकते फिर कुछ दिन के बाद फिर उसी इंसान का वही देश हो जाएगा तो परेशान छोड़ के अपने जैसा ही जो दूसरे को मानता चलेगा वो देश अपने देश को

भी खुशी और आनंद में रखेगा और दूसरे देश को भी आनंद में अपने आप बढ़ता चला जाएगा तो नफरत में और प्रेम में यही फर्क है। तो आज अलग-अलग इतने देश धरती पर बन गए हैं जो कितने लोगों को उन देशों के बारे में पता भी नहीं है। मगर कोई एक भी ऐसा देश नहीं है जो दूसरे देश से सहायता ना ले। दूसरे देश से लेकर अपनी पूर्ति करते हैं और उस देश से मिलकर रहते हैं उसी प्रकार हम ये सोच लें जो हम सब एक हैं जिस देश में जो आवश्यकता है वो सामान जिस देश में वो पूरा करे और सबसे मिल के खुशी से आनंद में अपना देश को भी रखे और दूसरे को भी आनंद में रखे तो जितना पैसा बम, बारूद, हथियार, मिसाइल में खर्च होता है वो सब देश का बन्द हो जाएगा और वो ज़हर नफरत, गुस्से को मिटा के खुशी में खर्च करे अच्छे-अच्छे काम करे तो निश्चय ही अच्छा ही होगा मगर आज का इंसान यह सब नहीं सोचता कि धरती वही समय वही, सूर्य, चांद वही कुछ भी नहीं बदला है मगर इंसान ने अपनी सोच बदल ली है कि बस हम ही हम हैं जो मैं हूँ, जो मेरा देश है, जो मैं चाहूँ सो ही सही है ही और जो कुछ हैं सो हम ही हैं दूसरा कुछ भी नहीं बेकार है यही मान के अलग-अलग होना शुरू करके इतना देश बना लिए हैं जो मैं ही सही तो मैं ही सही कोई भी अपने ही देश को खुश रखेगा वो क्षमता नहीं है मगर दूसरे को खत्म कर दूंगा जो असंभव है मगर अपने आप में सब देश दुख देने की क्षमता रखते हैं तो सबको अलग मानते-मानते हैं। आज धर्म भी, भगवान भी अलग-अलग बना लिए हैं और मानते भी हैं और धर्म भी एक नहीं अनेक बना लिए हैं जबकि प्रत्येक इंसान एक है, एक धरती, सूर्य, चांद, हवा, पानी, आग सबके सब एक हैं तो कोई ऐसा देश है कोई भी धरती पर ऐसा देश नहीं है जो यह कह सके कि सूर्य, चाँद, हवा, आग, पानी सिर्फ हमारे ही धर्म या देश का है दूसरे देश का या दूसरे धर्म का नहीं है तो अपना ही देश और अपने ही धर्म वाले को कोई रोक सकता है तो एक सूर्य, चांद, धरती को तो दूर जाए अनेक तारा में से किसी एक तारा को ही कोई अपने देश या अपने धर्म वाले के लिए ही रख नहीं रख सकता है किसी देश या किसी धर्म में वह क्षमता नहीं है जो रोक सकता एक अकेला वही महान हो सकता है जो सबका हो और जो सबका नहीं हो सकता वो एक का भी नहीं हो सकता जो दूसरे के लिए नहीं है सिर्फ अपने लिए है वो ना अपने के ही होते हैं ना दूसरे के होते हैं।

तो जब इंसान एक है धरती, सूर्य, चांद बहुत कुछ एक है अनेक रहते भी तो अनेक धर्म को रहते भी कोई एक धर्म भी ऐसा होगा जो वही सही है होगा क्योंकि धरती, सूर्य सब को कोई

लाख अलग-अलग माने मगर वो एक ही रहेंगे उसी प्रकार इतने धर्म में भी एक धर्म ऐसा होगा जो सबका है ही मगर कितना अलग मानता हैं तो जो अलग मानता हैं वही दूसरे के साथ-साथ अपने से भी अलग हो जाता हैं।

तो अनेक धर्म में अनेक कर्म परम्पएं हैं जिसमें हम अपने धर्म का कर्म परम्परा को पूरी तरह अभी तक जान नहीं पाए हैं। कितने धर्मों के नाम जानता हूँ, मगर कर्म नहीं पता इतने धर्म में एक-दो को जानता हूँ, कुछ-कुछ मगर अपने धर्म का बहुत कुछ जानता हूँ तो हमें किसी देश या किसी धर्म से नफरत नहीं है तो नफरत करने की बात भी नहीं करनी चाहिए। हम सब इंसान हैं समझने की बात है जैसे कि कोई बोलेगा पानी पीने की चीज है, पानी से ही लोग जिंदा रहते हैं जो पानी नहीं पिएगा तो वो मर जाएगा दूध पीने वाला नहीं है, हाथ धोने वाला है तो समझ की बात है जो आज कितने ही लोग बहुत उल्टा पुल्टा को ही सही मानते हैं जो दूध पीना नहीं हाथ धोना ताकि मनुष्य जन्म लेता है तो सिर्फ एक दूध पी के ही जिंदा और बड़ा होता है। बाद में पानी पीना शुरू करता है तो दूध का महत्व खत्म कर देते हैं जो दूध अच्छा नहीं है और खाना पानी को महत्व देना शुरू कर देते हैं तो दूध कोई काम का नहीं है पानी महान है तो भी ठीक है मगर आजकल तो दूध के साथ पानी को भी सही नहीं मानते दारू, शराब को दूध पानी से ज्यादा अमृत मानते हैं जो दुनिया में सबसे अच्छा अगर जीने के खुश रहने के लिए चाहिए तो और कुछ नहीं सिर्फ शराब, दारू चाहिए और उसी में आनंद है तो दूध, पानी, शराब तीनों तो पीने ही वाला हैं मगर तीनों में तीन तरह के परिणाम खुशी, आनंद, सुख या दुःख है। तो दूध पीने वाला, पानी पीने वाला, शराब पीने वाला, जो इंसान जिसको सही मान के पीता है तो उसका परिणाम भी वही जानता है तो दूध अमृत है अमर है जो दूध पीके ही जीना शुरू करता, पानी प्रेम है, दूध के साथ भी है दूध में जाते ही दूध बन जाता और दारू -शराब के भी साथ रहता जो शराब में भी पानी जाता तो पानी शराब ही बन जाता तो पानी दोनों के लिए एक रंग है, मगर बगैर पानी का ना दूध ही सही, ना शराब ही सही इसीलिए ना बड़े का मान, ना छोटे का मान जिसके साथ बीच का हो वही महान और शराब, शराब तो 50 साल वाला आदमी दारू पीना शुरू कर दे तो जहाँ जीवन 50 साल और जीता वहाँ 15 साल में ही मर जाता है तो जो बच्चा जन्म लेगा अगर उसको दारू पिला के जिंदा रखना चाहेंगे तो कितने दिन वो जीएगा पता नहीं तो दूध, पानी पीने वाला शान्ति में रहता है मगर जिसमें रंग-रंग की बिमारी हो जिससे सारा का सारा घर-परिवार

बरबाद हो जाता है वो शराबी शराब को ही सबसे ज्यादा महान समझता है। तो तीनों तो पीने वाला ही चीज़ हैं, मगर तीनों अलग हैं उसी प्रकार धर्म भी अनेक हैं मगर सब धर्म में भी सब तरह की बातें हैं जिसमें, मैं सनातनी हिन्दू हूँ मैं अपने धर्म की बात करूंगा जिसमें समझने की बात है गुस्सा या नफरत ना करें।

सही या गलत समझने के लिए सबके सब आजाद हैं बशर्ते सही गलत बोलने की आजादी है या नहीं है। तो देखना है सब धर्म की बात अच्छा या बुरा विश्वास लायक या अंधविश्वास लायक मगर मनुष्य को कितना रहस्य किस में मिलता कितना सही कितना गलत वो में अपना धर्म में सोचकर के निचोड़ निकाला हूँ जो हमारा हिन्दू सनातन धर्म का ग्रंथ शास्त्र के अनुसार मनुष्य या इस धरती या स्वर्ग पूजा पाठ अनेक देव-देवी अनेक रंग बिरंगे रीत-रिवाज, परम्परा अनेक ग्रंथ अनेक भगवान कितने विश्वास लायक हैं और कितने अंधविश्वास हैं मैं अपनी समझ से लिख रहा हूँ जिसमें कोई बात से किसी को आपत्ति होगी तो मैं अपनी बात वापस ले लूँगा।

तो सबसे पहले हिन्दू सनातन धर्म के स्वर्ग से ही शुरू करें तो इस धरती पर से एक इंसान जिनका नाम था सत्यवादी राजा हरीशचन्द्र वो प्रथम अपना जन्म लिया शरीर लेके ही डोली या पुष्पक विमान में स्वर्ग लोक गए हैं जो अभी भी स्वर्ग लोक में कहीं होंगे ही होंगे।

दूसरा पांडव पुत्र युधिष्ठिर ने इस धरती पर जन्म लिया ही शरीर लेके चलते-चलते कोई ना कोई एक रास्ते से स्वर्ग पहुँच गए हैं और स्वर्ग में बैठे है धर्मराज बनके।

तीसरा महान विद्वान कर्मठ राक्षसराज रावण बोला था जो हम धरती पर से स्वर्ग तक सीढ़ी लगा देंगे।

तो इस धरती पर से स्वर्ग लोक अगर कोई इंसान अपनी धर्म-कर्म सही-सही करेगा तो बगैर मरे हुए भी स्वर्ग जा सकता है एक दम सत्य है जांच लें परख लें।

तो यहाँ से जीवित प्राणी आज भी स्वर्ग लोग में है जिन्दा मरने के बाद कौन कहाँ जाएगा या जाता है सो पता नहीं मगर इस हिन्दू सनातन धर्म में मरने के बाद भी स्वर्ग लोक में जाते दिखे हैं जैसे शबरी हनुमान जी को संजीवनी बूटी लाते समय मगरमच्छ को मार दिये तो ऐसे अनेक हैं जो स्वर्ग गए हैं और कितने स्वर्ग में जाके फिर धरती लोक पर आ जाते हैं जैसे की अर्जुन स्वर्ग में जाकर तपस्या किये है एक-दो नहीं अनेक असुर, राक्षस सब कितनी बार धरती पर रहते हुए स्वर्ग को अपने कब्जे में कर लिये हैं। तो हमारा कहनाम है जो हिन्दू, सनातन धर्म में स्वर्ग तो है

ही एक नहीं अनेक प्रमाण है खोजने वाले अपना खोजता रहे और जब स्वर्ग है ही तो कमी क्या है नर्क तो इस धर्म में नर्क नहीं होगा जरूर नर्क भी है तो जब स्वर्ग है तो जितना देव-देवी सबका नाम और काम है पूजा-पाठ, विधि-विधान सब सत्य हैं तब ना स्वर्ग कितना धरतीवासी गए हैं एक नहीं अनेक ग्रंथ शास्त्र में वर्णन है तो कितना बोलते है जो वो काल्पनिक बात है लिखा हुआ एक किताब कि तरह है हिन्दू सनातन धर्म तो हम अपना जहाँ तक ढूंढा हूँ तो यही पाया हूँ जो भी और धर्म है वो भी किसी ना किसी किताब से ही लिखा पर विश्वास करके चलते है प्रतछय तो किसी में भगवान नहीं दिखता है अगर किसी धर्म में सबको भगवान दिखता हो तो भाई दिखा तो जो मैं भी दर्शन करके उसी धर्म को मानने लगूं। मगर भगवान किसी भी धर्म में नहीं दिखता है जिस में सिर्फ एक हिन्दू सनातन धर्म में ही शास्त्र ग्रंथ में जो लिखा है सो इस धरती पर प्रमाण के साथ दिखता है जिसे कोई माने या ना माने मगर साइंस भी प्रमाण करके माना है और सबसे ज्यादा प्रमाणित अभी भी धरती पर दिखता है जैसे कि शास्त्र कहता हैं तुलसी भगवान हैं, पीपल का पेड़, नीम का पेड़ भगवान है, जानवर में गाय भगवान है, जल में गंगा जल भगवान है। एक दो नहीं अनेक वर्णन ग्रंथ हमें है जो धरती पर प्रमाण के साथ पूज्यनीय है और लोग पूजा भी करते हैं और साइंस भी जांचा परखा तो नीम, पीपल, गंगाजल, गाय और अनेक में जांचा तो सब में सब कुछ अच्छा ही पाया है थोड़ा भी बुरा नहीं निकला है यहाँ तक कि कोई भी बड़ी सी बड़ी बीमारी या वायरस क्यों ना हो मगर नीम, पीपल, गाय, गंगाजल सबके आसपास भी नहीं जा सकती छूना तो दूर जाए और ऊपर से एक तुलसी में इतनी औषधि है जो कैसी भी बिमारी को खत्म कर देती है तो जिसमें गुण ही गुण हो अच्छा ही अच्छा हो तो जो सूख दाता है वही तो महान है वही तो भगवान है अगर हम सूख दाता को नहीं मानेंगे तो अपने आप दुःख दाता साथ रहेगा तो पीपल, नीम, तुलसी सब सिर्फ हिन्दु सनातन के ही लिए सही नहीं है प्रत्येक मनुष्य के लिए ही सीढ़ी हैं चाहे कोई भी धर्म का हो तो एक मात्र हिन्दू ही धर्म में एक नहीं अनेक है जो प्रत्येक प्राणी के लिए एक ही है मनुष्य माने या ना माने मगर प्रत्येक मनुष्य के लिए एक समान लाभकारी है।

अच्छे प्रत्येक मनुष्य एक हैं हिन्दू सनातन धर्म ग्रंथ शास्त्र के मुताबिक प्रमाण के साथ दिखता है जैसे ही ग्रंथ के मुताबिक इस धरती पर 84 लाख योनी हैं तो सब से पहले योनि क्या है? इसे समझिए (बाल, केश, हेयर) तो बाल चाहे सर का हो या मूंछ का हो चाहे दाढ़ी का हो या अपना बाल हो या दूसरे का चाहे जानवर का ही बाल एक योनि ही हुआ। केला चाहे एक

तरह का नहीं है अनेक तरह का है मगर एक ही नाम केला ही कहलाएगा। शेर भी अनेक तरह का होता है मगर शेर ही सब कहलाते हैं उसी प्रकार मनुष्य भी अनेक प्रकार के हैं मगर समस्त एक ही मनुष्य योनि का ही एक प्राणी है।

यही होता है योनि तो 84 लाख योनि इस धरती पर हैं एक संगम की तरह हैं इसीलिए सब ग्रह से प्यारा धरती लोक है क्योंकि एक पति-पत्नी का संगम कितना आनंद देता है सो सब जानते है और जहाँ 84 लाख का संगम हो वो कितना महान आनंद है और जैसे समस्त 84 लाख योनि धरती पर है तो जैसे पति-पत्नी में जितना आनंद है उतना और किसी में नहीं मगर आज के समय में स पति-पत्नी का आनंद को नफरत में बदल देते हैं इसका परिणाम नफरत करने वाले जीवन भर भटकते रहते हैं आनंद नहीं पाते मगर नफरत जरूर पाते हैं उसी प्रकार महासंगम 84 लाख योनि धरती पर हैं जो जागेगा वही नींद का आनंद ले सकता है और जो नहीं जागेगा वो लेटा रहेगा कब नींद आए पता भी नहीं चलता क्योंकि नींद का आनंद नहीं मिला नींद तो मिला मगर आनंद नहीं मिला तो यहाँ दुःख में भी सुख है और सुख में भी दुःख है। बाकि स्वर्ग में सिर्फ सुख ही सुख है, दुःख नहीं है उसी प्रकार जैसे कब नींद आए पता नहीं और एक नर्क है जिसमें सिर्फ दुःख ही दुःख है तो स्वर्ग में सिर्फ सुख और नर्क में सिर्फ दुःख क्योंकि और जितना ग्रह या ब्रह्माण्ड में किसी में संगम नहीं है जैसे सूर्य गरम है तो गरम ही है चांद शीतल है तो शीतल ही है एक धरती ही ऐसी है जहाँ गर्मी, ठंडी सामान्य हर तरह का है क्योंकि समस्त 84 लाख योनि का एक जगह संगम है तो उसी प्रकार मनुष्य का एक ऐसा शरीर बनाया है जिसमें धरती जैसे समस्त का संगम है बाकि और किसी योनि में वो सारा का सारा शरीर में संगम नहीं है सिर्फ मनुष्य में ही सारा का सारा संगम है जैसे कि बकरी, गाय, भैंस घास-पात ही खाते, माँस-मच्छी नहीं खाती। बाकि शेर, बाघ, सियार माँस-मच्छी ही खाते हैं घास-पात नहीं खाते क्योंकि शेर,बाघ में घास पात का संगम नहीं है सिर्फ माँस-मच्छी का ही संगम है और गाय, बकरी में माँस-मच्छी का संगम नहीं है सिर्फ घास-पात का ही आनंद ले सकती हैं माँस-मच्छी का नहीं मगर एक मनुष्य योनि ऐसा है जिसमें धरती जैसे 84 लाख योनि का संगम है जो कोई नहीं कर सकता वो मनुष्य कर सकता है जैसे मनुष्य घास-पात भी खाते हैं माँस-मच्छी भी खाते हैं जैसे धरती पर जितना है उतना मनुष्य के शरीर में है इसका प्रमाण है जो प्रत्येक मनुष्य चाहे जिस देश का हो चाहे जिस धर्म का हो चाहे जिस जात का हो प्रत्येक मनुष्य अपनी उंगुली को इंच से नापेगा तो उसका शरीर

84 इंच का ही होगा। उससे ना थोड़ा बड़ा ना थोड़ा छोटा ठीक 84 इंच का ही होगा चाहे छोटा आदमी हो या बड़ा आदमी हो। धरती पर दिन या रात 7 ही होते हैं जैसे सोमवार से रविवार सिर्फ सात दिन जैसे सात सूर्य, सात चंद्र, सात फेरा, सात समुद्र, सात जन्म सात ही रिश्ता जैसे मनुष्य को दो माँ, दो बाप होते है जैसे एक अपना माँ-बाप, एक सास-ससुर, पति-पत्नी का एक रिश्ता तो चार-पाँच इसके बाद बेटा-बेटी दो हुए तो चार माँ, पति-पत्नी एक खून पाँच बेटा 6 बेटी 7 तो प्रत्येक इंसान का अपना सिर्फ सात ही खून एक होते है और 12 महीने का एक साल होता है तो $12 \times 7 = 84$ तो चाहे कोई दिन को माने या साल को माने 84 ही अंक मिलेगा तो प्रत्येक मनुष्य में एक इंच में एक लाख का संगम प्रत्येक दिन साल में 84 का संगम और धरती पर किस को कितना दिखा है सो तो देखने वाला ही जाने मगर विश्वास के साथ मानना ही पड़ेगा जो धरती पर 84 लाख योनि होगी ही।

प्रत्येक औरत को एक ही तरह नौ महीने में बच्चा जन्म लेता है तो नौ महीने ही क्यों लगते हैं ताकि प्रत्येक औरत एक है, प्रत्येक मर्द एक है, मगर औरत-मर्द अलग-अलग हैं। हिन्दू सनातन धर्म में औरत को सबसे पहले महत्व दिया गया है क्यों, क्योंकि मर्द से एक कदम आगे औरत है जैसे औरत और मर्द में 8 द्वार है पूरे शरीर में 8 दरवाजे होते हैं जैसे मुंह एक दरवाजा, नाक दूसरा, कान तीसरा, आँख चौथा, स्तन जिससे दूध निकलता पाँचवा, नाभि छठा, 7वां पेशाब का रास्ता, 8वां लेटरिंग का रास्ता सब इंसान में एक है, मगर औरत में एक दरवाजा बच्चा निकालने वाला दरवाजा ज्यादा है। औरत महादर्द को जानते हुए भी बच्चे को जन्म देने के लिए तैयार रहती है भले ही मर्द या बच्चा उस दर्द को समझे या ना समझे मगर औरत उतना बड़ा दर्द को सहने की क्षमता यानि हिम्मत रखती है इसलिए माँ का स्थान पहले दिया है और माँ नौ महीने अपने पेट में रखती है और नौ दरवाजे का सुख और दुःख का सारा का सारा ज्ञान रहस्य दिखा के बता के बच्चे को जन्म देती है। पिता के पास सिर्फ आठ ही दरवाजे का रहस्य है मगर माँ एक दरवाजे का ज्यादा ज्ञान देके बच्चे को जन्म देती है इसलिए हिन्दू सनातन धर्म में 9 अंकों कों सबसे ज्यादा महत्व दिये है जैसे नवरात्रि पूजा तथा कीर्तन इसका प्रमाण है जैसे दो का पहाड़ा पढ़े तो दो नमह 18 तो 1 और 8 दोनों को मिलाए तो 1 और 8 नौ हुआ, 5 नामा 45-4 . + 5 = 9 -12 नमहा 108 - 1 + 8 = 9 - 9 का ही पहाड़ा ले तो 9 - 18 - 27 - 36 - 45 - 54 - 63 - 72 - 81 - 90 - अब सबको अंक से जोड़े- 1 + 8 = 9, 2 + 7 = 9, 3 + 6 = 9,

4 + 5 = 9, 5 + 4 = 9, 6 + 3 = 9, 7 + 2 = 9, 8 + 1 = 9 जैसे नौ का पहाड़ा में अंक को जोड़ने से 9 ही आता है वैसे ही डबल अंक जैसे 18 का 27 का 36 का 45 का 54 का 63 का 72 का 8 का पहाड़े के अंक को जोड़ेंगे तो नौ ही आएगा पूजा-पाठ भी करते हैं तो श्री श्री 108 या 1008 - 9 का ही महत्व है और नौ दरवाजे सिर्फ माँ, औरत में ही है इसीलिए पिता से महान माता कहलाती है और धरती पर अभी अनेक धर्म हैं मगर समस्त धर्म में सिर्फ पिता भगवान में दिखता है माता का कहीं नामोनिशान नहीं दिखता बल्कि सबसे बड़ी शक्ति तो माता में है सिर्फ एक हिन्दू सनातन धर्म में ही माता-पिता दोनों को साथ पूजा जाता तो औरत और मर्द का एक ही तरह हिन्दू सनातन धर्म ग्रंथ का ही प्रत्येक प्राणी में एक तरह ही सारा का सारा रहस्य दिखता है सिर्फ पूज्यनीय महानता में सिर्फ और धर्म में माता का एक भी गुणगान अच्छाई का कहीं एक का भी नाम नहीं है मगर सनातन में एक नहीं अनेक माता का भी गुणगान है यहाँ तक की बगैर शादी कुंवारी को भी माता मानते हैं जैसे दुर्गा माँ वैष्णवी, माँ काली, माँ ज्वाला, माँ अनेक है जो औरत को ही माँ का महत्व देके पूज्यनीय मान सम्मान पूजा-पाठ करते हैं बाकि कितना में दिखता है औरत को सिर्फ पत्नी रूप में ही देखते हैं और पत्नी बनाने के बाद भी महत्व देना तो दूर सिर्फ नफरत ही करते औरत को रूला के रखते हैं खुश करना तो दूर पूजना तो जानते ही नहीं। इसीलिए हिन्दू सनातन धर्म में धरती माँ है मानते है। तुलसी, नीम, जल में गंगा गाय ऐसे अनेक है जिसमें माँ का महानता पूज्यनीय मान के पूजा करते हैं और शोध करके निचोड़ निकाल दिये हैं जो ज्ञान देन वाली माता ही है माता सरस्वती ही है। शक्ति, लड़ने का या दुःख सहने को मिलेगा तो वो भी माता दूर्गा से ही मिलेगा जो जन्म लेते ही महाविक्राल राक्षस महिसासुर को खत्म किया और धन संपत्ति भी माता लक्ष्मी की ही कृपा से मिलेगा, तो जो औरत जात चाहे पत्नी हो या पुत्री हो या माँ हो प्रत्येक औरत को प्रसन्न रखेगा वो इंसान दुःख में दुःखी नहीं होगा खुश ही रहेगा और जो औरत को सिर्फ सेक्स की ही नजर से देखेगा वो सब सुख रहते भी दुःख में ही बेचैन रहेगा तो एक हिन्दू सनातन धर्म ही एकमात्र ऐसा दिखता है जिसमें माता-पिता भले ही जन्मदाता मर जाए मगर अनंत अजन्मा माता-पिता अनेक साथ रहता है जैसे धरती माता, गंगा माता, गाय माता, तुलसी माता ऐसे ही अनेक अनंत माता को मानते खुद मर जाते हैं मगर माँ-बाप रहते ही है अभागा अनाथ लावारिस कभी कोई होता ही नहीं है।

और बुरा का भी समस्त मनुष्य पर एक ही तरह परिणाम मिलता है जैसे समुद्र मंथन में जब

भगवान विष्णु अमृत पीला रहे थे तो एक राक्षस देवता का रूप रख कर देवता की लाईन में खड़ा था देवता समझ के भगवान विष्णु उसको अमृत दिये तो उस राक्षस के बगल में सूर्य, चंद्र खड़े थे तो सूर्य, चंद्र बोले प्रभु यह तो असुर राक्षस है, तो भगवान विष्णु ने सुदर्शन चक्र से उसका गर्दन काट दिया मगर तब तक वो राक्षस मुँह में अमृत रख लिया था मगर पेट में नहीं गया था तो उसका शरीर अमर हो गया तो गर्दन अलग घूमता है और पूरा शरीर अलग घूमता है और सूर्य, चंद्र बता दिया था जो ये राक्षस है तो उसका गर्दन और शरीर अभी तक सूर्य, चंद्र से लड़ता रहता है जिसका प्रमाण है जो सूर्य और चंद ग्रहण लगता है ग्रहण के समय में ही धरती पर रंग बिरंग की बीमारी आती है जिसका साइंस भी खराब वो समय को मानता है जो ग्रहण के समय सूर्य या चंद्र को ना देखे और परम्परा के अनुसार जिस औरत को पेट में बच्चा हो वो अगर सूर्य या चंद्र ग्रहण में अगर अपना हाथ में चाकू से कुछ काट दे या कोई कामकाज करती रहे उल्टा से पुल्टा जो ये सब अंधविश्वास है या कुछ खाए या पानी पी पिए मतलब जब पेट में बच्चा हो तो ग्रहण के समय उसको कुछ भी नहीं करना चाहिए सिर्फ भगवान का नाम ही लेना चाहिए क्योंकि राक्षस उस समय सिर्फ बुरा ही बुरा छोड़ता है तो जो अच्छा से भगवान का नाम लेता तो उसका बच्चा अच्छा होता है बुरा नहीं करता और जो नहीं मानता या भूल से भी गलती हो जाए कुछ खा लिया या काम या कुछ हाथ से कट गया कुछ टूट गया तो पका बच्चा नागर लूल्हा अंधा या कुकर्मी बच्चा होगा ही होगा इसका प्रमाण है क्योकि वो राक्षस है ही और ऊपर से कटा हुआ है और सूर्य, चंद्र ही बताया इसलिए सिर्फ सूर्य, चंद्र को ही सहारता है ग्रहण लगता है नहीं तो तारा को क्यों नहीं ग्रहण लगता हवा को क्यों नहीं लगता पानी को धरती को क्यों नहीं ग्रहण लगता तो ऐसा घटना सिर्फ एक हिन्दू सनातनपर ही नहीं लागू है प्रत्येक मनुष्य के साथ एक ही तरह का घटना होता है चाहे कोई भी देश का हो या कोई धर्म का हो बच्चे के समय ग्रहण में सही रहना ही पड़ेगा तो ग्रहण का भी सही का प्रमाण हिन्दू सनातन धर्म ग्रंथ शास्त्र में ही दिखता है और एक प्रमाण है हिन्दू सनातन में एक का महत्व है या अच्छा का महत्व है जोश का नहीं जैसे एक डेढ़ ढाई। दो या चार मतलब जोश का महत्व नहीं ही जैसे 21 या 51 101 एक से भी अच्छा आध को बहुत महत्व दिये जो डेढ़ रु. ढाई रु. दान करना अच्छा है या शुभ लगन में उपयोग करते 2 रु. 10 रु. या 20 रु. नहीं उपयोग करते तो भगवान इंसान के भी आधा जन्म दे के पूरूफ कर दिये है जो मानेगा इस परम्परा को वही सही रहेगा तो इंसान में आधा कौन है तो वो

है किन्नर जिसे हिजड़ा या छक्का कहते हैं वो भी इंसान ही है मगर आधा है और जीतना इंसान है उससे ज्यादा खुश वही लोग रहते है। इंसान इंसान में एकता नहीं है मगर उसमें सबके सब एक हैं और इंसान के सुख में सब साथ रहते हैं मगर दुःख में भाग जाता हैं मगर उनमें दुःख होता है तो सबके सब दौड़ के साथ आ जाता हैं और जो इंसान भगवान को मानने वाला अच्छा या बुरा बोले तो होगा कि नहीं होगा मगर किन्नर जो बोलेगा वह प्रायः हो जाता है क्योंकि किन्नर साक्षात हिन्दू सनातन धर्म में शिव शक्ति अर्ध नागेश्वर का जन्म है क्योंकि बहुत जगह फोटो में देखेंगे तो आधा शिव शंकर भगवान और आधा पार्वती माता तो वही अर्ध नागेश्वर का अवतार हैं और किसी की खुशी का कार्यक्रम होता है तभी यह किन्नर लोग किसी के पास जाते हैं खुश करने के लिए,किन्नर भी समस्त प्राणी में पैदा होता है चाहे इस देश का हो, चाहे दूसरे देश में हो चाहे कोई भी धर्म का हो, चाहे कोई भी जात का हो समस्त इंसान एक समान है। तो एक दो नहीं प्रायः इंसान में या धरती, आकाश जितना दिखता है वो सबका सही-सही रहस्य दिखता है तो हिन्दू सनातन धर्म में ही जिसमें इंसान से लेके समस्त जितना जानते हैं, जितना दिखता है उस सब का वर्णन हिन्दू ग्रंथ शास्त्र में जो लिखा है वो सबका सब सही मिलता है खोज करने पर।

जैसे तोता या सुगा मनुष्य जैसे बोलते हैं जो मनुष्य सिखाता है सुगा ठीक वैसे ही बोलता है इसीलिए कितने लोग तोते को पालते हैं और एक पालतू कबूतर है तो पंछी में तोता और कबूतर यह दोनों को ही मनुष्य से लगाव ज्यादा है तो इतने पंछी है सबसे सुंदर मोर है मगर मोर सब जगह नहीं है और घर-घर पालतू भी नहीं है जितने लोग सूगा और तोते को पालते हैं। तो कभी किसी ने इस रहस्य की खोज नहीं की अभी के मनुष्य तो मनुष्य की बात को जानते ही नहीं भले ही मनुष्य की बात कृष्ण जी जानते हैं मगर मनुष्य की बात मनुष्य नहीं जानता तो तोता मनुष्य की बात क्यों बोलता है और कबूतर मनुष्य इतना क्यों पालते हैं इसका भी रहस्य हिन्दू सनातन धर्म से ही है।

शिव शंकर भोलेनाथ भगवान को ही सिर्फ रूद्राक्ष की माला शरीर में धारण किये हैं, तो उनकी पत्नी, पार्वती बोलीं कि इस लकड़ी में क्या है जो आप इसकी माला और पूरे शरीर में रूद्राक्ष धारण किये हैं। सो बताइये रंग बिरंग के फूल हैं हीरा, मोती, मनी अनेक रत्न हैं उस सबकी माला क्यों नहीं धारण करते मगर ये लकड़ी की माला ही आप को क्यों प्रिय है सो आज आपको बताना ही पड़ेगा शिव जी बहुत बोले हमें यही पसंद है किसी को अच्छा लगे या ना लगे हमें यही अच्छा लगता है मैं जीतना इस लकड़ी रूद्राक्ष से खुश हूँ उतना इस ब्रह्मांड में, मैं किसी से इतना

आनंद नहीं मिलता। तो पार्वती जी बोलीं तो जो हमसे भी ज्यादा आप इस लकड़ी से प्रसन्न हैं तो शिव जी बोले हाँ इस लकड़ी से ज्यादा मैं किसी से प्रसन्न नहीं होता और जो इस लकड़ी को मान-सम्मान, पवित्रता और नियम निष्ठा से इसे रखेगा उस आदमी से भी जितना में प्रसन्न हूंगा उतना मैं किसी चीज या किसी दूसरे से नहीं जिससे मैं इतना प्रसन्न होता हूं, तो पार्वती जी बोली तब हम से भी ज्यादा आप इससे ही प्रेम करते हैं और इस को जो जैसा नियम निष्ठा से रखता उसपे बहुत प्रसन्न हैं तो आज इसका रहस्य बताना पड़ेगा तो शिव जी बोले ठीक है आप जिद कर रही हैं तो बताना ही पड़ेगा।

तो शिव जी बोले विष्णु भगवान सबसे ज्यादा किस चीज़ से प्रसन्न रहते हैं सो आप बताएं तो पार्वती बोली विष्णु भगवान सबसे ज्यादा प्रसन्न होते है तुलसी से तो शिव जी बोले तुलसी से क्यों प्रसन्न रहते हैं तो पार्वती माता बोली जो विष्णु भक्त पवित्र पतिव्रत अपवित्र के साथ रहते भी जैसा के साथ रहू गलत के साथ या सही के साथ पाप में रहके भी तुलसी अपना अच्छा कर्म से समस्त शक्ति अर्जित की है तो तुलसी में ही वो क्षमता है दूसरा किसी में नहीं इसीलिए भगवान विष्णु तुलसी से बहुत प्रेम करते है क्योंकि तुलसी पहले विष्णु भगवान को ही पति मानी थी मगर शादी असूर से हो गयी मगर विष्णु भगवान सदैव अपना पत्नी रूप में ही तुलसी को चाहते है बेगैर तुलसी का तो वो एक पल भी नहीं रहते तुलसी है तो दुःख भी अच्छा ही है और तुलसी नहीं तो सुख भी उनको दुःख ही लगता है और तुलसी में है भी सारा का सारा गुण। तो शिव जी बोले तो उनका भी तो उनका भी तो भक्त सब तुलसी का ही लकड़ी की माला पहनते और भगवान विष्णु भी उस पर बहुत प्रसन्न रहते हैं तो ये समझ लीजिए, जो लकड़ी को लकड़ी ही नहीं समझिए लकड़ी में ही सारा का सारा गुण है। मानने पहचानने का बात है नहीं को लकड़ी ही खाना पका के जिंदा रखता है। मरने के बाद भी लकड़ी ही काम आती है जताने में और लकड़ी पेड़-पौधे ही जीतना रंग बिरंग सुन्दर वातावरण, मानसून ऑक्सीजन, फल फूल देते हैं जिसे दूसरा में वो गुण सब किसी में है नहीं तो प्रथम लकड़ी में ही इतना गुण है दूसरा जैसे विष्णु भगवान तुलसी से प्रेम करते है वैसे ही क्योंकि मर्द लड़ता जितना है वो सबसे ज्यादा प्रसन्न होता है औरत से तो औरत में भी सबसे ज्यादा प्रसन्न माँ से होता है और माँ से भी ज्यादा हर तरह प्रसन्न सूख पाता है पत्नी से तो मर्द माँ और पत्नी को जीतना प्रेम करता उतना पुत्री, बेटी से नहीं कर सकता क्योंकि माँ का तो पेट में ही रहता है और माँ के पास ही लड़का सबसे ज्यादा समय

तक नंगा रहता है और माँ के पास बच्चा कितना बड़ा हो जाए मगर नंगा भी जाये तो कोई बात नहीं जैसे दूर्योधन की माँ बोली थी दुर्योधन को जो बेटा कितना बड़ा हो जाए मगर माँ के लिए वो नंगा बालक ही दिखता है इसीलिए माँ महान है और दूसरा पत्नी के साथ नंगा रहते है और सीमित में हमेशा नहीं मगर कुछ कर्म ऐसा है जो माँ के साथ नंगा रह के भी नहीं कर सकते मगर कपड़ा रहते भी जो नंगा कर्म पत्नी के साथ है वो कपड़ा रहते बेटी से नहीं हो सकता और बेटी के बाप नंगा देखता है मगर बाप बेटी के पास नंगा हो भी नहीं सकती कर्म करना तो दूर जाए इसीलिए बेटी को दूसरा लड़के के साथ भेजते तो लड़का-लड़की से ही प्रसन्न रहेगा चाहे माँ या पत्नी बाकि लड़की बेटी, पोती कोई भी दूसरे लड़के से ही खुश रह सकती बाप से नहीं। तो समझ लीजिए लड़का भले ही सब समाया माँ-बाप के ही सेवा करे, माँ-बाप को ही चाहे मगर लड़का मरेगा तो पत्नी के लिए ही क्योंकि जो रिश्ता प्रेम पत्नी में है वो माँ-बाप के पास नहीं तो लड़का कोई भी जितना पत्नी को चाहेगा उतना किसी को नहीं तो विष्णु भगवान का एक पत्नी लक्ष्मी है और लक्ष्मी रूप तुलसी पत्नी उनका सबसे प्यारा लकड़ी है उसी प्रकार हमारा तो एक पत्नी नहीं आप तो अनेक जन्म लिए है तो प्रत्येक जन्म का मूरीईस रूद्राक्ष का ही लकड़ी में है तो जितना रूद्राक्ष का ही लकड़ी में है तो जीतना रूद्राक्ष है वो सबका सब आप का अनेक जन्म का मूडी ही है तो आपका हरेक रूप को मैं अपने ऊपर धारण करके सब को प्रेम करता हूँ प्रसन्न रखता हूँ तो पार्वती बोली तो आपका उतना रूप किधर है और कौन सा लकड़ी में है तो शिव जी बोले मेरा रूप अनेक है जैसे मैं कभी दाढ़ी बढ़ा के फटा कपड़ा पहन के रूप अलग बना लेता हूँ कभी राजा का कपड़ा पहन के भी उस रूप में आ जाता हूँ तो कभी बूढ़ा भी बन जाता हूँ तो कभी बच्चा भी बन जाता हूँ और जवान तो हमेशा रहता ही हूँ मगर एक ही जन्म का कुरूप मेरा अनेक है मगर जन्म एक ही है जन्म अनेक नहीं है मेरा सिर्फ आपका ही अनेक बार जन्म है मेरा नहीं तो पार्वती माता बोली जो तो मेरा इतना जन्म क्यों हुआ और आपका एक ही जन्म क्यों तो शिवजी बोले आप में अमर कथा नहीं है इसीलिए आप बार-बार जन्म लेते हैं हममें अमर कथा है इसीलिए में मर नहीं सकता इसीलिए हमें वेश रूप बार-बार बदलना पड़ता है मगर में एक ही हूँ तो पार्वती बोले तो अमर कथा हमें भी सुना दीजिए तो शिवजी बोले नहीं आपके नसीब में अमर होना नहीं लिखा है तो पार्वती जिद करने लगी जो इतनी बात करते हैं इतनी रंग बिरंग की कथा आप से सुनती हूँ अमर कथा क्यों नहीं सुन सकती आपको बताना पड़ेगा जब मैं भी दूसरा

जन्म नहीं लूंगा तो शिवजी बोले आाप को अमर कथा नसीब नहीं है मैं बोलूंगा भी तो आप सुन नहीं सकती हैं और अमर कथा कोई मामूली कथा नहीं है वो कथा वो बात जिसके भी कान में जाएगी भले ही वो मेरा भाषा समझे या ना समझे मगर वो भी अमर हो जाएगा। सिर्फ जगा हुआ हो सोया ना हो सिर्फ मेरी बात उसके कान में जाती रहे भले ही वो कुछ भी करता है खाता रहे या कुछ देखता रहे सिर्फ सोया ना रहे जो नींद में रहेगा उसके कान में जाने का भी कोई फायदा नहीं होगा तो आपको जरूर नींद आ जाएगी और कथा शुरू होगी तो आखिर तक कहना पड़ेगी तो इतनी देर आप नहीं जाग सकती इसलिए आप जिद नहीं करिये अमरकथा सब कथा से बड़ी कथा है इसलिए जिद नहीं करिए मगर पार्वती जी अड़ गई। आपको अमरकथा हमको सूनाना ही पड़ेगी। तभी मैं कुछ खाऊंगी या पानी पियूंगा नहीं तो मैं इस बार ऐसे ही मर जाऊंगी, भूखे पार्वती माता बहुत जिद करने लगी तो शिवजी बोले ठीक है दुनिया में एक पत्नी के पास ही हारने पर भी जीत ही है इसीलिये तो गर्दन में माला पहन के घूमते हैं औरत जात मर्द से कम महान इस दुनिया में क्यों है क्योंकि औरत जात को अपनी माँ-बाप की सेवा नसीब नहीं है बाकि औरत अगर अपनी माँ-बाप की ही सेवा करने लगे तो औरत मर्द से ज्यादा महान हो सकती मगर माँ-बाप की सेवा लड़की या लड़का जो भी करता है और करेगा वो ही महान कहलाएगा अपने आप क्योंकि अपने जन्म दाता को प्रसन्न करने से बड़ा पुण्य किसी में नहीं है तो सिर्फ लड़का जात को ही अपने जन्म दाता माँ-बाप का सेवा नसीब है और लड़की तो प्रथम महान बनने का सिर्फ माँ-बाप की ही सेवा दूसरा पत्नी की सेवा करने वाला भी महान नहीं बना फिर भी सब मरता है तो पत्नी का ही सुख प्रसन्न के लिए और हारता झुकता भी है परेशान रहता है सब पत्नी को ही प्रसन्न करने में मगर जो पति को प्रसन्न करके रखती है वो पतिव्रता महान कहलाई है मगर पत्नी दुनिया के पास हार सकती है झुक सकती है मगर पति के पास नहीं हार सकती नहीं झुक सकती हमेशा झुका के रखना चाहती है तो हम भी आप के पास हार गए। हम आपको अमरकथा सुनाएंगे। भले आगे क्या होगा पता नहीं कौन सुनेगा वो तो नहीं पता मगर विधि का विधान के मुताबिक आपको अमरकथा नहीं सुनने को लिखा है क्या होगा सो पता नहीं मगर हम भी आपको एक बार कथा सुना ही देते हैं ताकि आगे फिर आप इस कथा के लिए जिद नहीं करें। आप अमर हुई तो भला और ना हुई तो भी भला हम तो पत्नी भक्त कहलाएंगे कितने पत्नी की बात पर आग में कूद गए हैं मैं भी एक बार कूद के देखूं क्या परिणाम निकलता है बोल के शिवजी

जाने लगे पार्वती माता खुश हो गई और बोली जी कहां जाते हैं कथा कहिए तो शिव जी बोले यहीं कथा थोड़ी कहेंगे यहां तो अनेक लोग सून लेंगे यहाँ एक दो शक्ति का किसी को वरदान देते है तो हम ही को भस्म करने के लिए दौड़ता है और अगर अमरकथा सुन लिया तब तो भस्म कर ही देंगे इसलिए कहीं एकांत जगह जहाँ कोई ना हो सिर्फ हम और आप हों और ये गर्दन का हार भी ना हो कुछ भी ना हो नहीं तो सब के सब अमर हो जाएगे तो सारा का सारा विधि का विधान बिगड़ जाएगा प्रलय आ जाएगा आप को बोलता हूँ जो मामूली नहीं है ये अमरकथा निकालना और आपके नसीब में भी नहीं है अभी भी मान जाइये, जिद मत करिये मगर पार्वती माता नहीं मानी बोली जो ठीक है आप अपने हिसाब से जगह खोज लीजिए। आप जहाँ बोलेंगे में वहीं कथा सुनूंगी प्रलय आए या नींद आए मैं भी देखना ही चाहती हो जो हो क्या होता है विधि विधान का उलट में भी जाग के सुनकर ही रहूंगी, आप जाकर और जल्दी से जगह खोज के आईये मेरा मन व्याकुल हो रहा है, कथा सुनने को शिव जी बोले ठीक है मेरा तो मरण हो रहा फिर भी आप खुश रहें। तो शिवजी एक पहाड़ के अंदर गुफा देखे उस गुफा के अंदर गए तो देखे यही जगह ठीक रहेगी जहाँ बाहर की कोई आवाज भी नहीं आती और यहाँ की आवाज भी बाहर नहीं जाएगी। यही जगह ठीक है और पार्वती माता को लेके सांप, माला त्रिशूल सब कुछ बाहर रख दिये और पार्वती माता और शिवजी दोनों गुफा के अंदर गए तो अंदर एक पेड़ था वहाँ दोनों उस पेड़ के पास पेड़ पर पीठ रखके आराम कुर्सी जैसे अगल-बगल बैठ गए तो शिवजी पहले खूब समझाए जो नींद नहीं है ना तो पार्वती माता बोली आप अपना सब कुछ बाहर छोड़ के आए है मैं अपनी नींद को बाहर छोड़ के आयी हूँ। आप कथा शुरू करिये शिवजी बोले जो मैं कथा शुरू करता हूँ आप सिर्फ सुनियेगा बीच में टोक के सवाल या जवाब नहीं करियेगा सिर्फ बीच-बीच में हूँ-हूँ करते रहियेगा ताकि हम को पता चलता रहे जो आप कथा सुन रही हैं तो पार्वती माता बोली ठीक है मैं हूँ-हूँ कहती रहूंगी। आप कथा शुरू करें शिवजी आँख मूद के उस कथा को स्मरण करके कथा शुरू कर दिये और हूँ- हूँ की आवाज आती रही कथा पूरी हो गयी मगर हूँ-हूँ सुनाई ही दे रहा था तो शिवजी मन ही मन सोचे ये कैसे विधि का विधान उलटा हो गया ये तो पूरी की पूरी कथा सुन लीं लेकिन इनके नसीब में नहीं लिखा है तो कथा तो खत्म हो गया थी तो शिव जी बोले अब तो आप भी पूरी कथा सुन ही लीं अच्छा हुआ जो आप भी अमर हो गयी नहीं तो हर बार मैं यही सोचता जो पता नहीं अगली बार आप कहाँ जन्म लेंगी और

किस मोड़ में लेंगी और हमको पता नहीं किस प्रकार का नाच करना पड़ेगा आपको प्रसन्न रखने के लिए अब हम भी निश्चिंत हो गए जो अब आप भी नहीं मरेंगी जो दूसरा जन्म लेना पड़ेगा। जब दूसरा जन्म लेते हैं तो पुरानी बातें सब भूल जाते हैं हम तो थुथुर हो गया हूँ एक ही जन्म में रूप बदल-बदल कर और आपका रंग बिरंग का नाच-नाच कर तो अब मैं आंख खोलूँ बोल के शिवजी चुप हो गए तब भी हूँ-हूँ ही सुनाई देता मगर कुछ जवाब नहीं जो ही आँख खोलकर शिवजी ने पार्वती की तरफ देखे तो पार्वती तो सो रही हैं तो शिवजी सोचे तो ये तो सो गई मैं बोलता था जो नसीब में नहीं है मगर जिद कर दी और सो गई इसीलिए तो पतिव्रता कोई नहीं बनती और माँ-बाप की सेवा नसीब नहीं इसीलिए लड़की महान कम है मगर कथा सुन कौन रहा था जो हूँ-हूँ करता था आखिर कोई तो जरूर है तो शिवजी आवाज़ दिये कौन है यहाँ पर सामने आ मगर कोई नहीं आया। तो शिव जी गुस्सा हो गए जो भी है वो सामने आ जाओ फिर भी कोई नहीं आया तो शिवजी गुस्से में उठ के खड़े हुए और जोर से ताली बजाए और बोले तीसरी बार बोल रहा हूँ सामने आ जो कोई भी है नहीं तो श्राप दे दूंगा तो ताली की आवाज़ पर उस पेड़ पर से एक कबूतर एक कबूतरी दोनों उड़ के भागे शिवजी देखकर समझ गए जो ये कबूतर ही हूँ-हूँ ही कर रहा था कोई इंसान नहीं है कबूतर सुन तो लिया मगर मनुष्य की बात नहीं समझ सकता इसीलिए सामने नहीं आया कबूतर तो भाग गया तो शिवजी बोले, ठीक तुम को तो बाद में खोज ही लेंगे और इस पेड़ पर कुछ है क्या जो कोई गर्भ में रहता है जो सबकी बात समझता रहता है भले ही जन्म के बाद सब भूल जाए तो उस पेड़ पर सूगा का घोसला था जिसमें अभी एक ही अंडा दिया था तो अंडे के अंदर गर्भ में ही माना जाता है अंडा फूटने के बाद ही जन्म इस दुनिया में होता है तो वो सूगा के अंडे में बच्चा सब बात सुन रहा था तो वो गर्भ ही आदमी का बात सुना तो आदमी की भी बात और भाषा समझने लगा था जब शिवजी उस पेड़ पर चढ़े तो अंडे को देखे तो अंडे को घोसला से निकाल के फेंक दिये लेकिन वो बच्चा अमरकथा तो सुन लिया था गौर से तो अमर हो ही गया था तो जैसे ही अंडा फूटा तो उसमें से सूगा का बच्चा उड़ के भागा तो शिव जी तुरंत अपने त्रिशुल को बोले जा इस सूगा के अंग भग कर दो जैसे अमृत पिलाते समय विष्णु भगवान सुदर्शन चक्र से गर्दन काट दिये थे वैसे ही त्रिशूल को भी बोले जो इस सूगा के अंग भंग कर दो और सूगा के अंग भंग करने के बाद जो वो कबूतर और कबूतरी को भी खोज के अंग भंग कर देना। त्रिशूल उस सूगा के पीछे दौड़ गया सूगा जान गया अंग भंग

करने के लिए त्रिशूल मेरे पीछे आ रहा है। मैं कहाँ जाऊं कहाँ छिपूं तो महाभारत के भीष्मपितामह के सौतेला भाई वेद व्यास जी की पत्नी सूर्य भगवान को जल चढ़ रहे थी उन्होंने मंत्र पढ़ने के लिए मुँह खोला था तो सूगा उनके मुँह में जाके पेट में चला गया और पेट में जाकर उनके गर्भ में चला गया। अब त्रिशूल वेद व्यास जी की पत्नी के अगल-बगल ही घूमता जो जैसे ही सूगा निकलेगा तो हम उसका अंग भंग कर देंगे एक साल हुआ, दो साल हुआ, अब वेद व्यास जी और उनकी पत्नी उस सूगा से बोलते जो बाहर निकल तो सूगा बोलता मैं कैसे बाहर निकलूं वो त्रिशूल हमें अंग भंग करने के लिए खड़ा है मैं कैसे निकलूं तो ये दोनों त्रिशूल को बोलते आप ही चले जाओ तो त्रिशूल भी नहीं जाता ऐसे ही दोनों से बात करते-करते 6 साल हो गये अब मनुष्य तो गर्भ में सिर्फ नौ महीने ही रहता है मगर यहाँ 6 साल हो गए तो अब शरीर बहुत व्याकुल हो गया, बहुत कष्ट होने लगा तब वेद व्यासजी शिवजी के पास आए और बहुत प्रार्थना किये जो अब तो जब वो अमरकथा सुन ही लिया है तो मर सकता नहीं और एक दो दिन का रहता तो एक बात भी थी 6 साल हो गए है आप उसे क्षमा कर दीजिए मेरी पत्नी आप दोनों के चक्कर में बहुत कष्ट में है प्रभु आप तो भोलेनाथ हैं कृपा करने वाले हैं दया करें बहुत विनती किये जब जाके शिवजी भी समझे जो सही में जब अमर हो ही गया तो छोड़ दूं। राक्षस तो नहीं देखूं जन्म लेकर क्या करता है अच्छा या बुरा तब जो होगा सो देखा जाएगा अभी त्रिशुल को बोला और त्रिशुल को अपने पास बुला लिए और पार्वती को बोले देखो आपकी जिद का परिणाम क्या-क्या हो रहा है वो कबूतर-कबूतरी या ये अब मनुष्य का गर्भ में गया है पता नहीं क्या बना होगा और क्या बनके निकलेगा और पता नहीं अच्छा करने वाला है या बुरा करने वाला बनेगा। अगर अच्छा हुआ तो ठीक है अगर बुरा हुआ तो पता नहीं दुनिया में कितने रंग का क्या-क्या खलबली मचाएगा ये सारा का सारा परिणाम हमें ही भोगना पड़ेगा और हमारे साथ-साथ दुनिया भी परेशान होगी जैसे वेद व्यास जी की पत्नी 6 साल से परेशान है। अब देखें विधि का विधान उलटा का पुलटा करने का परिणाम आप तो नींद को बाहर छोड़ आई थीं। इसलिए हमेशा सही-सही विधि-विधान से ही चलना चाहिए नहीं तो विधि-विधान को छोड़ने से बहुत खतरा बढ़ जाता है समझ के भी अब कम से कम इतनी प्रार्थना हम दोनों करें जो वो कबूतर और कबूतरी और ये बच्चा अच्छा हो और धर्मात्मा हो और गलत ना करे। उधर त्रिशूल के हटते ही वेद व्यास जी बोले जो शिवजी त्रिशूल हटा लिए आप निकलो तो 6 साल के बच्चा मनुष्य के शरीर में

बालक गर्भ से निकला और चल दिया उसके पीछे वेद व्यास जी गये और बोले बेटा अभी तू पैदा ही हुआ है तू कहाँ जा रहा है तू अभी दुनिया को जानता भी नहीं है चल घर, बोलते हुए उस बच्चे के पीछे-पीछे चल दिए मगर वो बच्चा कोई जवाब नहीं दिया और जंगल में चला गया क्योंकि शरीर तो मनुष्य का था मगर योनि तो सूगा पंछी की थी तो पंछी का तो जंगल में ही मंगल होता, देव मुनि वेद व्यास वापस घर आ गए पत्नी को बोले बच्चा कुछ जवाब नहीं दिया, जंगल में चला गया तो पत्नी बोली तो जाने दीजिए बच्चे को जहाँ आनंद लगे वहीं अच्छा तो वेद व्यास जी बोले अगर कुछ दिन यहाँ पर अपने सबके पास रहता तो कुछ ज्ञान पा लेता, क्योंकि हरेक माँ-बाप की आत्मा से इच्छा रहती है जो हम से बड़ा महान मेरा बच्चा बने तो यही इच्छा थी तो पत्नी बोली भगवान की अमरकथा शिवजी के ही मूख से सुना है। सूर्य देव को जल चढ़ाते समय गर्भ में गया है एक दो दिन नहीं 6 साल तक अपने लोगों ने कितना पूजा-पाठ किया है जरूर ये बच्चा अच्छा होगा और वो बच्चे का नाम रखे शुकदेव जो मुनि महात्मा में सर्वश्रेष्ठ शुकदेव मुनि ही कहलाते हैं और वो 6 साल का ही नंगा बच्चा महान ज्ञानी तब से आजतक कहीं ना कहीं जरूर होंगे और शुकदेव मुनि जिसके सर पर हाथ रख दे वो कभी भी बूढ़ा नहीं हो सकता और वो भी अमर होकर जवान ही रहेगा, ऐसी मान्यता है जिसका प्रमाण है जो मनुष्य छोड़ के अगर दूसरा प्राणी में दूसरा योनि में मनुष्य जैसा बोलने वाला कोई है तो सिर्फ एक पंछी योनि में सिर्फ सूगा ही है जिसे लोग पालते हैं और भगवान सब का नाम और कथा कहते हैं जो हो सकता है जब एक शुकदेव मुनि के बजट से सूगा में इतना लक्षण समस्त सूगा में है तो भगवान का कभी कहीं कोई सूगा अमरकथा भी सूना सकता है इसीलिए पालते हैं और कबूतर-कबूतरी पूर्ण रूप से कबूतर थे कबूतर की ही भाषा जानते थे इसलिए वो मनुष्य की भाषा ना समझते ना ही बोलते मगर, मगर मनुष्य के साथ हिलमिल के रहते हैं तो शुकदेव मुनि किसी को नहीं दिखता क्योंकि जब वो माँ-बाप को नहीं दिखते और कौन-से जंगल में हैं पता नहीं चलता मगर कहीं-कहीं कभी-कभी सत्संग करने संत महात्मा के पास आ जाते और सत्संग करके फिर कहाँ चले जाते वो किसी को पता नहीं और वो अभी तक हैं इसका प्रमाण मिलता है जो जिस गुफा में शिवजी अमरकथा कह रहे थे उस गुफा को अमरनाथ गुफा के नाम से जानते हैं और पता नहीं है मगर वो दोनों कबूतर-कबूतरी अभी भी वहां पर जब से मनुष्य जाता है तो वो कबूतर वैसे ही दिखता है भले ही मनुष्य बच्चा से बूढ़ा होकर मरता जाता है मगर वो दोनों कबूतर वैसे के वैसे

ही आज भी दिखते हैं अमरनाथ गुफा में इसका प्रमाण है इसीलिए कोई भी देश का, कोई भी धर्म का, कोई भी जात का मनुष्य हो मगर सबके सब सूगा और कबूतर को मिलके प्रेम से पालते हैं। तो पंछी योनि में सबसे लोकप्रिय तोता इसके बाद कबूतर और तो तोता को तो सिर्फ प्रेम के लिए पालते है मगर कोई खाता नहीं है और कबूतर कितना खाने के लिए पालते हैं और कितना प्रेम से सिर्फ पालते है खाते नहीं हैं तो कबूतर को कितने खाते भी हैं और कितने नहीं भी खाते हैं और एक पंछी में पालतू है जिसे सिर्फ खाने के लिए ही पालते और सबके सब खा भी जाते हैं वो है मुर्गा जिसको भी बहुत पालते हैं मगर प्रेम के लिए नहीं सिर्फ खाने के लिए।

तो मुर्गे में गुण क्या है वो तो हमें पता नहीं मगर हिन्दू सनातन धर्म का मान लीजिए प्रायः जिसका मांस खाने का है खाए मगर मुर्गे के मांस को मना ही है जो सिर्फ एक मुर्गे का मांस मत खाओ और किसी का खाओ या मत खाओ मगर मुर्गे का मांस मत खाओ तो मुर्गा को हिन्दू सनातम धर्म में मूर्गे के माँस खाने के लिए मना क्यों किया गया है सो हमें पता है वो मैं बता रहा हूँ।

(2)

पहले जमाने में खेत-बगीचे में नंगे पांव जाते तो रंग बिरंग अनेक काटेदार पेड़ों के काटे पांव में चुभते तो बहुत दर्द होता है मगर दर्द के बाद उस काटा में भी रंग बिरंग की औषधि में महसूस किया है एक बेल का काटा, एक नीबू का काटा, एक पेड़ बला जलेबी का सबका एक बार नहीं अनेक बार चुभा है, तो फिर शरीर में अच्छा महसूस होता था एक बार तो बेल का काँटा पूरा पांव में घूस गया बहुत कष्ट हुआ। मगर इसके बाद एक अलग प्रकार की शरीर में ऊर्जा पैदा हुई जो अभी तक ताकत की तरह हिम्मत दे रहा है तभी मैं नीबू का काटा तो बेल से भी ज्यादा वेद से भी ज्यादा बीस वाला तो दर्द के बाद शरीर में जिसका काटा उसकी औषधि शरीर में काम करती है। तो काटा ना चूभे इसलिए चप्पल, जूता बनाया गया एक से एक रंग-बिरंग का तो लोग अब बगैर काटे वाली जगह पर भी चप्पल-जूते में ही रहते हैं। जो पांव को काटा ना चूभ जाए और सही में गाँव में कितने इंसान ऐसे होंगे, बच्चे से बूढ़ा तक जिनको काटा नहीं चुभा होगा मगर आज सिर्फ पांव में ही काटा नहीं चुभता है। मगर पूरे के पूरे शरीर दवा की सूई से लेके सबसे तेज धारदार हथियार या औजार से शरीर को चीर-फाड़ बड़ी प्रेम से मेहनता से कमाया

खर्च करके ऑपरेशन करवाते हैं। तो एक चीर-फाड़ डॉ. एक चीर-फाड़ गुण्डा गर्दी। किसी ना किसी शरीर को दोनों चीरते हैं मगर एक जीवन लेता है तो एक जीवन देता है तो एक ही कर्म में जमीन-आसमान का फर्क है पुण्य-पाप में

- दो भाई थे एक ही जगह दोनों रहते थे, अलग-अलग रूम था तो बड़े भाई की पत्नी साफ-सफाई करती थी मगर फिर एक बार गंदा हो गया तो कोई बात नहीं गंदा है तो है फिर जब साफ करने का टाईम आएगा तो कर देंगे, छोटा भाई की पत्नी को गंदगी देखना नहीं चाहती थी अगर कोई थोड़ा गंदा कर दिया तो बहुत चिल्लाती और तुरंत साफ करती। गंदा कहीं रहने नहीं देती, दिनभर सफाई में ही रहती दोनों के दो बेटी, दो बेटे थे। दोनों के अपने-अपने बच्चे भी उसी प्रकार थे तो एक बार दोनों की पत्नी को पता नहीं क्या हो गया दोनों का शरीर उठता ही नहीं लकवा पूरा शरीर में मार दिया तो लैट्रिन, पेशाब लेटे ही लेटे करती तो बड़ी वाली की जब लैट्रिन-पेशाब होता तो एक ना एक बच्चा साफ कर देता और छोटी वाली पेशाब या लैट्रिन करती तो उसके बच्चे एक दूसरे को बोलता ये ही साफ करेगा, तो मैं नहीं करूंगा गंदा करती क्यों हो और बार-बार करेंगी तो बार-बार थोड़ी करेंगे, ठंड का टाइम था। एक ही बार शाम को साफ करेंगे जो रात भर महकेगा नहीं और शाम को साफ भी करते तो कैसे पानी बाकेट में लेके उसके शरीर पर पानी डाल देते हाथ नहीं लगाते जिसके कारण एक नहीं न जाने कितने बाकेट पानी डालता तो एक दुःख शरीर नहीं उठता दूसरा ठंडा तीसरा पानी ही पानी रात में तो साफ करे मगर गंदा से नफरत ना करे।
- राजा विक्रमादित्य चोर का किस्सा तो धरती पर सबने सुना ही होगा कितना भी धन हो प्रत्येक इंसान को खुश नहीं कर सकता क्योंकि जो अपने को प्राप्त हुआ और जो करना करेंगे वही परिणाम भोगना पड़ेगा। जिसमें हम जितना आनंद करेंगे उतना सोच के भी आनंद आता है और जितना खराब करेंगे उतना एक बुरा आनंद आता है तो दुनिया को जो कोई भी भगवान या राजा या इंसान पुनः खुश किसी को कोई नहीं कर सकता इंसान अपने आप में जो ही प्राप्त कर ले अपने आप में प्रसन्न रह सकता है दूसरा से कोई नहीं प्रसन्न रह सकता।
- आज के इंसान ने थोड़ा एक-दो श्लोक पढ़ा थोड़ी घंटी बजायी आरती किया उसी में फल नहीं मिला तो भगवान को ही नहीं मानते जो भगवान है ही नहीं अंधविश्वास है मगर भगवान सिर्फ अच्छा रास्ता दिखाना शुरू करते है तब भगवान साथ देते हैं मगर भगवान कुछ ऐसा कर्म किये है जो भगवान है तो जो इंसान कार्य करेगा वही पाएगा। जैसे भगवान के अर्जुन थे।

- मेरा भगवान कभी कही नहीं बोला है जो तू मेरा नाम या मेरा धर्म का प्रचार कर सिर्फ तू अपना कर्म कर।
- 84 लाख योनि में से अभी तक कितनी योनि संसार गिनाया है और समझने की बात है तो पहले के इंसान भगवान से भी बातें करते थे भगवान की भी बातें जानते थे। आज का इंसान-इंसान की भी बात नहीं समझता है।
- ज्ञान दिखता है मगर दिखता नहीं जैसे डॉ. कैसे ऑपरेशन करके ठीक कर दिया तो ठीक हो गया वो दिखता मगर डॉ. जैसे चीड़-फाड़ कर देंगे तो ठीक होना तो दूर जाए मर ही जाएगा तो डॉ. का ज्ञान दिखता नहीं। उसी प्रकार इंसान के पास धर्म की वो शक्ति भी अर्जित करके महान हो सकते हैं जो अपनी जो अपने जन्मदाता माँ-बाप को नहीं प्रसन्न किया वो अनंत महा जो सबके माँ-बाप हैं वो कैसे प्रसन्न हो सकता है अपने बच्चे का बच्चा फिर उसका बच्चा फिर उसका बच्चा सब कैसे खुश रहेंगे उसके लिए परेशान है मगर अनेक बच्चों के रहते एक माँ-बाप प्रसन्न नहीं हुए तो जो अनेक के है प्रसन्न करने का तरीका समझ आए। भले ही हम समझ लें तो भगवान हमसे प्रसन्न हैं।
- नाक, आँख सब है दो मगर दिखता है एक ही दोनों रहते एक ही है भगवान एक ही को दो क्यों बनाया क्योंकि हरेक इंसान को एक हम एक तुम तो तुम में जीवनसाथी एक अच्छाई भले ही दोनों मगर एक प्रेम से रहें दोनों का मत एक हो तो जब जीवनसाथी बनते हैं तो कितना मिलाया जाता जो दोनों एक ही रहे मगर उस
- पूजा-पाठ, कर्म-धर्म पर विश्वास हो तब तो वो धर्म रुके मगर विश्वास नहीं है इसीलिए आज सही कल झगड़ा।
- अंधविश्वास में ही आकार दिखता तो जो अंधविश्वास को मानते वह उस आकार को सही-सही साकार कर देते हैं जितनी चीज़ है सब कल्पना से ही बना है मगर आज अंधविश्वास को नहीं मानते दुनिया में जो दिखता है सिर्फ वही है जिसमें सेक्स भी है तो दुनिया सेक्स के ही पीछे रहती है जो है सो सेक्स, शराब ही है, जो नहीं सेक्स, शराब है मगर सबकुछ वही है।
- पाप हम वो समान चोरी करेंगे और आप चोरी नहीं किए तो आपको पाप नहीं लगेगा और आप चोरी कर लिए तो पाप लग गया मगर आप हम पूजा करेंगे, भगवान को प्रसन्न करेंगे जो जितना मन ही मन प्रसन्न करने का सोचेगा उसको उतना फल पुण्य मिलता रहेगा। चाहे पूजा किया नहीं है तो भी आनंद मिलेगा ही मिलेगा और पूजा कर लिया खुश कर दिया तो महा आनंद मिलेगा ही मिलेगा तो पाप में आप करेंगे तो ही गलत परिणाम भोगना होगा और आप गलत कितना सोचे भगवान माफ करते हैं मगर

पुण्य में आपकी सोच भी अच्छी परिणाम देगी जैसे प्रत्येक इंसान को सबसे ज्यादा मारता-पिटता, गाली, श्राप माँ-बाप ही देते हैं मगर माँ-बाप की गाली, श्राप बच्चे को नहीं लगता मगर माँ-बाप मन से आशीर्वाद दें तो खुशी जरूर मिलती है।

- जिसके पास बहुत कुछ है और आदमी भी अच्छा हो मगर भलाई नहीं करता तो वो अच्छाई भलाई कोई काम की नहीं, और जिसके पास पाप है बुराई है वो पाप करना छोड़ दे तो पाप नहीं रूकता है भाग जाता है अपने आप सिर्फ बुरा सोचना छोड़ दें जैसे-एक अच्छा पढ़ा-लिखा विद्वान मूर्ख के साथ भी मूर्ख बन के रह जाते हैं मगर मूर्ख विद्वान के साथ नहीं रह सकता उसका दिमाग ही फट जाएगा।
- बच्चा जन्म लेता माँ-बाप का ऋण उतारने के लिए आज के माँ-बाप बच्चे के लिए घोटाला कर के खुद पाप करते हैं और बच्चे को भी पापी बना देते हैं।
- तान्त्रिक पटूआ बिमारी है संत महात्मा पटुआ खुशबू है जो सुगंध खुशबू सबको लगता है मगर वो खुशबू सुगंध सिर्फ फूल में ही रहती है।
- एक ना एक जन्म में पुण्य करके पाप से मुक्ति पाने का मन करके पुण्य के लिए तरसना ही पड़ेगा और जितनी पाप खराब सब है उस में से किसी एक में भी वो शक्ति नहीं है जो एक छोटा से छोटा पुण्य को रोक सके और सब पाप मिल के भी सब से छोटा अगरबत्ती का सबसे छोटा आग की तीली रोशनी नहीं दे सकती मगर कितना भी अंधेरा हो जितना अंधेरा होगा उतना जरूर चमकेगा जिसे अंधेरा नहीं हटा सकता, मिटाना तो दूर जाए पुण्य में एक नहीं अनेक है जो पाप को भगा देता हैं।
- भगवान को मानने वाले को अगर भगवान दुःख भी दिए तो उस दुःख के बाद बहुत सुख जरूर मिलेगा और पाप अगर सुख भी दे तो कई गुना ज्यादा बाद में दुःख ही मिलेगा एकदम सत्य है।
- जितना इस धरती पर दिखता है उससे कई गुना ज्यादा मरने के बाद जो दुनिया में जाते है उस दुनिया में यहाँ से ज्यादा है क्योकि इस दुनिया से उस दुनिया में एक रोज सबको अपने आप उस दुनिया में जाना ही पड़ता है मगर उस दुनिया से इस दुनिया में आने के लिए इस धरती पर जितने हैं उन सबको पहले प्रसन्न करना पड़ता है तब इस धरती पर आने का रास्ता बनता है और जो किसी को थोड़ा भी नाराज करता है तो उसी का परिणाम लंगड़ा, लूला, अंधा, बहरा होते है और धरती लोक के साथ-साथ उस लोक को भी प्रसन्न करना पड़ता है जब सब प्रसन्न थोड़े भी होते हैं तभी जाकर इस धरती पर किसी का जन्म होता है।
- जो बुरा करते हैं पाप को भी किसी खुशी या आनंद के लिए ही करते हैं और जो अच्छा करते हैं वो भी किसी खुशी और आनंद के लिए ही मगर फर्क है अच्छा करने

वाले के पास लोग प्रेम से जाते हैं बुरा करने वाले लोगों से छुप-छुप कर जीते हैं बाकि दौड़ते तो हैं सबका सब सुख आनंद के लिए ही है।

- एक हीरे के हार को पाने के लिए कितने लोग चोरी करना चाहता हैं तो कितने मार पीटकर पाना चाहता हैं तो नकली बनाने वाला कैसे भी नकल करके असली लेना चाहता हैं मगर हीरा एक ही है। बुराई उसके पीछे अनेक हैं तो कोई कर्म या भगवान भी एक ही है बाकि बुराई है तो भी अच्छा ही है मगर बुरा अगर अच्छा दिखे।
- धरती, आकाश, जल, हवा ये सब तो फ्री में सबको साथ देता खुश करता, खुश होने वाला इन सबको कितना खुश करता है सो तो वही जाने।

(3)

इस धरती पर लोग सबसे पहले महत्वपूर्ण अपने शरीर को ही मानते हैं मगर कभी सोचे हैं जो ये शरीर जन्म लिया तो बच्चा था बहुत छोटा था इसके बाद बच्चा बड़ा होना चाहता है तो समय ज्यों ज्यों बीतता वैसे ही मन मुताबिक तुरन्त तो बड़ा नहीं होता मगर बड़ा जवान होने लगता है समय पूरा साथ दे रहा है तभी ये अहंकार बुराई घमंड पकड़ लेता है जो दुनिया में मैं जो चाहूँगा सो कर लूँगा इस सोच में बहुत आदमी कुछ भी नहीं कर पाता। तो जब तक जवानी है तब तक सारा समय लगता है जो हमारे साथ है और जैसे ही बुढ़ापे की तरफ शरीर जाने लगता है तो प्राणी रोकना चाहता जो कोई भी बुजुर्ग होना नही चाहता उस चक्कर में दुनिया को छोड़कर अपने शरीर पर ज्यादा ध्यान देने लगता है जिससे मेरा शरीर जवान दिखे मगर समय अपने हिसाब से जैसे चलता है उसी प्रकार चलता ही रहता है तब भी मनुष्य ये नहीं समझता है कि अपना शरीर भी अपना नहीं है दुनिया वही होता है जो भगवान चाहेगा उसको कोई नहीं रोक सकता मगर भगवान को छोड़ के ये खाने से ठीक रहेगा ये करने से ठीक रहेगा उसमे व्यस्त रहते हैं। तो आदमी अच्छाई में या बुराई कहीं न कहीं किसी चीज या कोई काम जो किसी आदमी के चक्कर में रुका है जो हमें चाहिए मगर समय जैसे रोज बदलता था वैसे ही रोज बदल रहा है और बदलता ही रहेगा सो ही दिखता है तो समय महान है समय को मानो भले ही कोई भगवान नहीं दिखता मगर हमें धरती, आकाश, जल, हवा, सूर्य, चाँद, दिन-रात, पेड़-पौधे जो भी दिखते हैं वो सब कितने भी दुःख में कोई रहे मगर धरती, हवा, सूर्य, चाँद ये सब किसी का भी साथ नहीं

छोड़ते पानी तो कहीं से लाने जाना पड़ता है मगर ये सब हमेशा बिन बुलाए हमेशा साथ ही रहते हैं तो हवा सबके बारे में तो सोचो जो ये 24 घंटे साथ रहती है सिर्फ अपना ही आनंद के लिए सोचते करते हो अगर इंसान अपनी ख़ुशी के साथ-साथ इन सबको भी थोड़ा ही थोड़ा याद करके खुश करते चले तो जैसे मनुष्य चाहता है तो तू मत मर तू अच्छा आदमी है तो उसी प्रकार अगर हम धरती पर सब को भी खुश करते रहें तो हममें वो क्षमता नहीं है जो ऐसा कुछ कर सकूं मगर समय में वो शक्ति है रहेगी जो वो जो चाहेगा वही होगा अगर समय किसी इंसान से थोड़ा भी खुश होता है तो फिर समय उस को फिर से मनुष्य में और सुंदर और खुशी सबके साथ धरती पर जन्म देता है जो हमें और खुश करेगा और जो समय को ना माने तो भी समय नाराज़ नहीं होता ना मानने वाला खुद व खुद परेशान रहता है सब कुछ रहते हुए भी मगर जो अंधविश्वास मान कर जो समय भगवान सब बकवास है कुछ भी नहीं है अपमान करते हैं उनको तो जानवर तो दूर जाए कीड़ा, मकौड़े में भी जन्म नहीं मिलता और वहाँ डाल देते जहाँ मांगने पर भी नहीं मिलता। मगर यहाँ बगैर माँगे सब साथ है और बगैर मांगे भी बहुत कुछ अपने आप भी मिलता है ये तो समय की बात हुई और अपना ही शरीर है उसको हम हमेशा जगाना ही चाहेंगे तो जगा नहीं सकते घटिया से घटिया जगह क्यों न हो नींद सुला ही देगी और सोना ही चाहेगा तो हमेशा सो भी नहीं सकता ये भी अपने बस में नहीं है भगवान नहीं दिख रहा मगर अपना शरीर तो दिख रहा है जब भूख लगे प्यास लगे तो खाना मिले या ना मिले, पानी मिले या ना मिले फिर भी थोड़ी देर के बाद समय ठीक कर देता है मगर लेट्रिन या पेशाब लगा हो तो शरीर रोक सकता है क्या नहीं रुक सकता तो जब अपना शरीर भी अपना नहीं है ये शरीर को जब मन करेगा, हम नहीं रोक सकते क्योंकि शरीर जैसे खाने के लिए दौड़ाता वैसे ही निकालने के लिए भी दौड़ाता अपने शरीर पर भी अपना बस नहीं है तो समझ ले जो दूसरा को हम बस में कर लेंगे सो संभव है नहीं है कितना इंसान किसी एक दो को पाने के चक्कर में पाता नहीं कितने लोगों को पागल बनते हैं, कितने तो आत्म हत्या ही कर लेते हैं मगर वो इंसान अगर ये सोच ले, जो हमारे पास बहुत कुछ है जो जरूरी है तो एक दो चीजें हासिल नहीं हुआ तो नहीं हुआ। समय ने चाहा तो, अगले जन्म में भी हो सकता और वो एक दो खुशी भी छोड़ दे तो भी दुनिया में उससे भी अच्छी-अच्छी खुशी है तो भगवान दिखाई दे या नहीं दे आप भगवान को छोड़ दे मगर प्रथम पिता को महान समझो क्योंकि जन्म का तेज पिता के ही पास दिखता है इसके बाद माँ जो शरण में ली जिसके पेट से

निकाले ये तो साफ दिखता है जो इस दुनिया में लाने वाले हैं तो माँ-बाप अगर माँ-बाप रोगी हो तो बच्चा भी रोगी होता है बाकि तो दुनिया में हर समय सारा का सारा रोग रहता ही है तो जो माँ-बाप रोगी हो उसका बच्चा भी रोगी होता है और जो बच्चा माँ-बाप के मन को दुःख देता है तो जितना माँ-बाप का दुःखी है तो वो दुःख आएगा ही आएगा बल्कि ज्यादा दुःख आएगा क्योंकि जो पिता की बात को बच्चा नहीं माना वो कितने भी भगवान को बुला ले भगवान नहीं आ सकता और भगवान इस धरती पर जन्म लेके इतने समय को प्रसन्न किये है और बहुत बड़े-बड़े दुःख काटते हुए तो समय भी भगवान की ही बात मानेंगे जो पिता की बात काट दिया हो तब से ही उसके मुहँ से जो आवाज निकलेगी मगर कितना भी भगवान का नाम ले वो आवाज कट जाती है क्योंकि भगवान देखते हैं मैं तो नहीं दिखता तो तू हमको मत मान मगर जो धरती पर लाया है तू उसका नहीं हुआ तो मैं तो दिखता ही नहीं दिखूंगा भी नहीं क्योंकि पिता, बच्चों के साथ-साथ माता को भी प्रसन्न रखते हैं और पालते हैं तो जैसे भगवान नहीं दिखते हैं अगर भगवान खुश हो गए बगैर दिखे भी तो महान ही है। उसी प्रकार बच्चा पिता का है अगर पिता में दिखता नहीं है दिखता है माँ के पेट में तो जो माँ को दुःख दे वो दिखने वाला कर्म धर्म जैसे कोई पूजा विधि का विधान जग भगवान की मंदिर में, पूजा में, आरती में, जो लो भगवान मेरा भी नाम लिख लेना, मैं आ गया तो जो अपनी माँ को दुःख में रखता है वो इंसान भगवान को दिखता ही नहीं है जैसे हमें भगवान नहीं दिखते क्योंकि इतिहास गवाह है जो कभी भी पूजा-पाठ नहीं किया मगर माँ-बाप को इतना प्रसन्न रखा जो माँ-बाप का आशीर्वाद ऐसे ही मुंह से निकलता महा से महा खुशी चमत्कार वाला और वो पूजा-पाठ भी नहीं करते मगर एक ऐसा चमत्कार बन जाते हैं जो भगवान अपने आप साथ लग जाते हैं माँ-बाप वो धरोहर है इस दुनिया में माँ-बाप को दुनिया का कितना बड़े से बड़े दुःख हो मगर माँ-बाप को रूला नहीं सकता चाहे खुद के शरीर में कितना भी दुःख हो मगर बच्चे का दुःख देख माँ बाप अपनी जान भी दे देते हैं और बच्चे उसी माँ-बाप को दुःख कष्ट देते हैं जो बच्चा उसका परिणाम हो जैसे कोई काम करता है तो एक परिणाम रहता है जो ये काम करने पर ये होगा अपना दिमाग बता देता है जो ऐसे करेंगे तो ऐसा होगा ठीक उसी तरह पाप दुःख का भी काम करके समय आत्मा अंदर बैठा हरेक कर्म का परिणाम खुद व खुद जानता रहता है उसी तरह जिस तरह इंसान खाया पेट भरा की नहीं भरा वो खुद व खुद इंसान जानता है जो वो कितना भूखा है जो माँ-बाप को नहीं मानता और भगवान

को बहुत मानता तो भगवान भी उस पर तरस खाते हैं कि तू बेकार में अपना समय गवां रहा है क्योंकि भगवान कहते है जो कुछ नियम कानून उनके पास भी हैं जिसको नहीं तोड़ सकते। जैसे भगवान ने धरती पर गंगा जी को भेजा तो गंगा जी को ले भी जा सकते हैं मगर पानी को ही ले जाएंगे ये संभव नहीं है असंभव है क्योंकि गंगा में पाप धोते नहीं दिखता मगर ये पानी पीते ही मन, तन, आत्मा सब तृप्त हो जाती है क्योंकि धरती पर से समुद्र सूख जाएगा सो नहीं चलेगा तो गंगा का अलग नियम कानून है, समुद्र का नियम कानून अलग है, तो वो पूजा-पाठ करने वाले भक्त पर तरस खाते हैं जो मैं कुछ भी नहीं कर सकता जब तक माता-पिता को खुश नहीं करोगे तब तक हम कुछ भी करेंगे भी तो भी तुम्हे फल नहीं मिलेगा क्योंकि सबसे बड़े भगवान ब्रह्मा, विष्णु, महेश यही हैं तो इन सबके शास्त्र के अनुसार सिर्फ माँ का ही प्रेम और आशीर्वाद इतना बड़ा महान है जो भगवान कहलाते है एक दो नहीं अनंत वरदाना हैं जो कल्पना भी नहीं कर सकते वो सब इन तीनों भवागन के पास है सिर्फ एक माँ को ही देखा है पिता तीनों में से किसी ने नहीं देखे हैं पिता को तो सिर्फ एक माता ही जानती है और देखती है तो तीनों सोचते जब एक माँ को प्रसन्न सेवा करके इतना हैं अगर पिता भी दिखते तो सेवा करते, प्रसन्न करते कितना और अच्छा रहता तब कोई बंधन भी नहीं रहता सिर्फ खुशी ही खुशी रहती। जिस पिता के लिए ब्रह्मा, विष्णु, महेश तपड़ते हैं वो पिता सिर्फ इंसान को ही नसीब है बाकी जीतना जरूरी है उसमें सिर्फ खाना, हगना सब कुछ है माता-पिता भाई-बहन, रिश्ता, प्रेम, सहारा मतलब रिश्ता भी कोई चीज है सो नहीं है मनुष्य के अलावा और किसी में ऐसा रिश्तों की परंपरा को निभाते नहीं दिखा क्योंकि एक मनुष्य ही ऐसा है जो अपने पिता को देखता है, माता के साथ तब तू पिता को नहीं मानेगा तो भगवान बहुत नाराज होते हैं क्योंकि माता-पिता को प्रसन्न देख के ही प्रसन्न हो जाती हैं। क्योंकि माँ के पास जो भी दिखता है उसको पाने का वरदान माँ को खुश करके आशीर्वाद लेके पा सकते हैं जो नहीं दिखता उसका पाने की चाह सिर्फ पिता का ही आशीर्वाद काम देगा तो दीखने वाला दुनिया नहीं देखने वाला दुनिया जैसे माँ के पेट में एक बच्चा दिखता मगर माँ के पेट में और बच्चा नहीं है जो दिखता वही है मगर पिता के पास बच्चा ही बच्चा है कितना बच्चा है अंदाजा नहीं लगा सकता अनंत है मगर शरीर में ही है मगर दिखता नहीं है उसी प्रकार नहीं दिखने वाला जितनी हम कल्पना भी नहीं कर सकते उससे कई गुना ज्यादा सुख-दुःख सुन्दर चमत्कारी आशीर्वाद सब रहता है छुपा हुआ पीता है तो जो पिता को प्रसन्न करेगा उस पर माता

अपने आप प्रसन्न रहेंगी। तब इन्सान माँ-बाप की सेवा करके ही सब कुछ पा सकता है मगर माँ-बाप से ही नफरत करके दुःख, दर्द तो दूर जाए महा नर्क में चला जाता है जैसे कोई माँ-बाप को स्वीकार ही नहीं करता उस जैसे को कौन जानते हुए जन्म देगा वो नर्क में ही सड़ता रहता है इसलिए जो पिता की तन-मन-धन से सेवा भगवान समझ के करने लगता उसके पास अपने आप भगवान और बहुत से देव, देवी शक्ति सब आना शुरू हो जाते हैं भगवान कहते हैं भले पिता से कितना दुःख पाए मगर तू महान है जो पिता को देखता, सेवा करता, बाकी हम तो पिता के लिए तरस ही रहे हैं।

इसलिए अपना शरीर भी महान नहीं जो इसको खुश करके हमें बहुत आनंद आएगा दूसरे का शरीर तो दूर जाए अगर किसी शरीर को खुश करना है तो जब तक माँ-बाप दिखे जीतनी बार लगे उतनी सेवा करें और उन्हें खुश रखें तो बहुत कुछ मिल सकता है अपने आप अगर माँ-बाप नहीं है तो भटके रहें बहुत कुछ पाना तो दूर जाए दुनिया में कितने भी लोगों को प्रसन्न करें मगर खुशी भी नहीं मिलती क्योंकि दिखने वाला भगवान प्रथम माँ-बाप ही है जो भगवान से भी बड़े कहलाते हैं, बाद में भगवान है जो नहीं दिखते साकर में अगर माने भगवान तो सिर्फ माँ-बाप को ही माने बाकी सब का सब सिर्फ इन्सान ही है कितना भी खुश करेंगे कुछ नहीं मिलेगा। माता जैसा प्रेम अनेक माता में मिल सकता है क्योंकि माँ की ममता एक समान है मगर पिता जैसा प्रेम सिर्फ पिता में ही मिलेगा। दूसरा किसी में थोड़ा भी नहीं मिलेगा।

पिता को प्रसन्न करने में अनंत अनंत भाई-बहन छिपा है वो सब प्रसन्न होते है तो प्रथम सबसे बड़ा दिखने वाला पूज्यनीय माता-पिता हैं, तो माता-पिता को प्रसन्न करते हुए दिखने वाला महान धरती जो हमें खिला-पिला के सुलाती है दिखने वाले सूर्य,चाँद, तारे जो हमें रोशनी देता है, हवा जो महसूस करते है, जल, मौसम, ठंडी, गर्मी जो दिखने वाला लाभकारी हो पीपल, नीम वातावरण में अनेक औषधि छोड़ता है, तुलसी ऐसे ही अनेक है नहीं सब को माने मगर जो हमें अपने आप अदा करे उसको तो माने तो जो माँ बाप को प्रसन्न करते सबको प्रसन्न करेगा पूजा-पाठ भी करेगा उस को धीरे-धीरे अपने आप सब तरफ से प्रसन्नता मिलना शुरू हो जाता है और जो माँ-बाप, पूजा-पाठ, धरती, आकाश-पाताल पर भरोसा नहीं करता उसको कुछ भी चमत्कार नहीं दिखता मिलना तो दूर जाए तो अंधविश्वास बोल-बोल के दुनिया को नर्क बना दिये हैं मगर जब शरीर बूढ़ा होने लगता है और बूढ़ा हो जाता है शरीर गिर जाता है। तब विश्वास

हो जाता है कुछ भी अंधविश्वास नहीं है सब कुछ सत्य है मगर अंधविश्वास मान के तो सारा समय गवां चुका है अब पछताने से भी फायदा नहीं है तो इन्सान का बचपन तो धर्म में ही माँ-बाप के प्रेम में ही ठीक से कट जाता है बुढ़ापा कितना रोको फिर भी आएगा ही सिर्फ, जवानी थोड़ा समय ऐसा है जिसमें कितना अच्छाई सब छोड़के इतने बुरे बन जाते हैं जिसे भगवान तो दूर जाए अपना भी कोई नहीं पूछता और जिसे अपनों का प्रेम नहीं, सुख नहीं मिला उसको पराया क्या साथ देगा, तो अपना शरीर को भी कितना प्रसन्न रखोगे, फिर भी अपना शरीर पर भी हुकुम नहीं चलेगा मगर अपना शरीर छोड़ के अपना समय के साथ बच्चा सबसे पहले सबसे ज्यादा प्रसन्नता के साथ-साथ समस्त को प्रसन्न रखे अगर ये कर्म इन्सान ने कर लिया तो ही मनुष्य के शरीर में जन्म लेने का फायदा मिलेगा ही मिलेगा कर्म तो होगा ही चाहे अच्छा कर्म हो या बुरा कर्म है थोड़ा जवानी के चक्कर में कर लेते जो एक सब कुछ पाता है और एक सब कुछ गंवा देता इसलिए कहा गया है कर्म प्रधान है जो करेंगे सो ही पाएंगे तो जो दिखता है उसका आज ना कल अंत है ही मगर जो नहीं दिखता वो अनंत है दिखने वाला जिसका अंत है ही नहीं और जो अनंत पर विश्वास करके चला उसे ये अंत खत्म होने वाला सब बहुत छोटा दिखता, दिखने वाला के पीछे दौड़ना छोड़ देता है और दुनिया का कुछ भी अनमोल से अनमोल को छोड़ देते धरती का सारा का सारा आनंद भोग सबको छोड़ देता है यहाँ तक की अपन शरीर को भी छोड़ देते हैं मन से नजर से, सुनने से, खाना-पीना सब कुछ छोड़ के एक नहीं अनेक तपस्या करके कितना आनंद कितनी खुशी क्या पाता है वो सिर्फ वही जानते हैं जो अनंत में क्या आनंद है दूसरा किसी को नहीं दिखता हमें अपने शरीर को कितना सुख देते है जैसा जो है जैसे मिठाई, दूध, दही से लेकर जहर शराब-दारू जिसको जितना होता है उतना अपना शरीर को खुश करता है जिसमें परिणाम क्या है? पता नहीं है जो कब कैसे खुश होगा क्योंकि जितना खुश करते हैं उससे कई गुना चाह और बढ़ जाती है और वो रूकता नहीं है भले ही शरीर गिर गया हो और रोके निराश में ही मर जाते मगर एक संत महात्मा से शुरू करें तो तपस्या अपना शरीर को एक आसन पर रह के दुनिया का सारा का सारा छोड़ के हिलता भी नहीं है मगर वो भी जिन्दा ही है तो दिखने क्योंकि वो जानते है जो इस दुनिया में जो है वो पूर्ण साथी नहीं है पूर्ण खुशी नहीं मगर धरती पर नहीं दिखने वाला और बहुत दिखने वाला ऐसे-ऐसे हैं जो कभी खत्म ही नहीं होता प्रलाया कभी होगा भी ग्रंथ शास्त्र के अनुसार तो सिर्फ धरती पर ही प्रलय होगा बाकि आकाश, पाताल,

स्वर्ग, नरक, सूर्य, चांद, तारे, हवा अनेक बहुत हैं जो रहता ही है प्रेम से आनंद से उन सबको प्रसन्न करके, मैं भी कुछ उसी दुनिया में घर बनाऊ जिसमें आनंद ही आनंद हो प्रलय तो दूर जाए इसीलिए धरती का अनमोल रास्ता धर्म पूजा-पाठ तपस्या पकड़ लेता है तो वो एक अलग महान कहलाते हैं और एक रास्ता है भोग-विलास का, दूध-दही से शराब एक लड़की-लड़का से घूमने-फिरने का जो यहाँ तक की धरती पर राजा ही बनने की लालसा राजा बन भी गए तो फिर भी कुछ दिन से कुछ युग तक ही रहेगा जिस रोज धरती पर प्रलय आएगा सबका सब खत्म हो जाएगा फिर प्रलय खत्म होने के बाद वही तपस्वी सब धरती पर कहीं-कहीं आके महा आनंद के साथ पवित्र से देव-देवी, देवता सबको प्रसन्न करके धरती पर उतार देते हैं जो ताकि धरती वासी इन देव भगवान सबके माध्यम से कुछ महान जरूर बनेगा ये सोच के धरती को सजा कर सुन्दर करते हैं जैसे कि तुलसी, पीपल, नीम, पान-सुपारी, गंगा गोदावरी अनेक बहुत कुछ है जो एक ना एक तपस्वी ही लाए हैं धरती पर किसी लोक से प्रलय के बाद सब अपने-अपने लोक दुनिया में चले जाते है तो जो इन सबको प्रसन्न किये है उनको साथ लेके जाते तो पूजा-पाठ, तपस्या में वो शक्ति है वो आनंद है जो धरती पर नहीं रहेंगे फिर भी प्रसन्न और धरती पर है तो भी भगवान को जो जैसा मानता विश्वास करता वो उतना आनंद में अभी भी दिखता है और एक खाने-पीने वाली दुनिया है जो दूध, दही के पीछे गया वो तो थोड़ा ठीक भी है फल-फूल शाकाहारी जीवन और एक है मांसाहारी हो जो जितना मांसाहारी होगा वो शराब-दारू से ही परेशान होके मरेगा या दवा खाते-खते ही मरेगा तो कुछ लोग दुनिया में शराब-दारू, दवाई दुनिया में छोड़ गए हैं तो जो दवाई शराब-दारू के चक्कर में गया उसका तो जीवन नरक है ही मगर उससे भी ज्यादा नरक उसका जीवन हो जाता है जो उसके साथ रहता है रिश्ता होता है उस के साथ रहने में भी खराब दुःख कष्ट मार-पीट में ही जीवन जीता है तो खाने-पीने वाले कभी भी असली खुशी, असली प्रसन्न आनंद होते ही नहीं है तो जब खुद प्रसन्न आनंद जो नहीं होगा वो सामने वाले को क्या प्रसन्न आनंद करेगा या रखेगा।

कितने आदमी ऐसा बोलते हैं कि धर्म-कर्म, भगवान सब कुछ भी नहीं है सब बस कहने और बोलने की बातें हैं ये सब अंधविश्वास है भगवान जैसा कुछ है ही नहीं जो मर्जी हो मन में सो करो कैसे भी खुश रहो स्वर्ग-नर्क कुछ भी नहीं है यही सोच कर अपना मन में जो होता वही करता है।

जैसे कहीं चोरी, किडनेपिंग या मर्डर करना तो कितने लोग बलत्कार करते हैं छूप के जो कोई आदमी नहीं देखे चारों तरफ वो गलत कर्म करने वाला यही देखता है कि कोई आदमी हमको ना देख ले। आदमी से बच के चोरी, किडनेपिंग, मर्डर, बलत्कार सब करना शुरू कर देते हैं और हकीकत में कितनी घटना ऐसा हैं जो सही में आदमी नहीं देखता सी.सी.टीवी कैमरा भी नहीं घटना घट जाटी है और हकीकत में कौन मर्डर या बलत्कार किया पता भी नहीं चल पता है, शंका भी नहीं किसी पर एक भी नहीं मगर घटना तो घटती है जिसमें न जाने कितने लोग गम खाके रह जाते हैं तो उसकी घटना छुप जाती है, और जो लोग गम खा के चुप नहीं बैठता जो घटना तो हुआ है कोई ना कोई तो किया ही है पता लगाना चाहिए और पता लगाने में लग जाते हैं और आखिर में पता लगा ही लेते हैं कि इस आदमी ने गलत काम किया है और पकड़ के जेल में डाल देते हैं जबकि घटना करते एक भी आदमी ने नहीं देखा था मगर ठीक जो घटना करता है वही पकड़ा जाता है तो घटना करने वाला भी आदमी है और घटना करने वाले को पकड़ के जेल में डालने वाला भी आदमी ही है। तो घटना करने वाला यही सोच के किया कि कोई आदमी नहीं देख रहा है और ना सुन रहा है और ना कोई समझ रहा है जो ये घटना घटने वाली है इतना सतर्क सोच-समझ के करता है मगर एक आदमी जो उसे कभी नहीं देखा है ना जानता है मगर समझ-समझ कर सारा का सारा जितनी गलती की है वो सब बुलवा देते है और सजा भी दिलवाता है तो जानबूझ कर पूरा का पूरा अपना कर्म-धर्म दिमाग समझदारी कर के छुप के गलत की फिर भी एक रोज जरूर पकड़ा जाता है। मगर एक कुछ भी नहीं घटना, गलती को जानता और बेगैर टेंशन के हँसते-खेलते पकड़ लेता है क्योकि एक के पास पाप है, एक के पास पुण्य है, तो पापी जब गलती करना शुरू करता है तो उसके चारों तरफ पाप घेर लेता है इतना जो सामने पुण्य को दिखाई ना दे ये इंसान या यह परिवार और गलती करते बहुत आनंद में रहते हैं तो समझते जो पुण्य क्या है कुछ भी नहीं हमें तो गलती में ही इतना खुशी मिलता है यही कर्म सब हमारा है तो गलती करते सुख-सुविधा खुशी क्यों मिल जाती है पापी लोगों को क्योंकि कि पुण्य के पीछे पाप खड़ा रहता है और पुण्य,पाप क्या करता है सो नहीं देखने जाते है जाना देखना तो दूर पुण्य पाप का ख्याल भी नहीं अपने अंदर करते क्या नजर रखेंगे जो पाप ये गलती सब करवा रहा है पुण्य सोचता भी नहीं और जानना भी नहीं चाहता पुण्य पापी से इतना दूर भागना जाता है जो पुण्य को समझने में ही कई जन्म लेना पड़ता है पूज्य पुण्य करना तो दूर जाये तो पुण्य चाहते

भी यही है जो पापी को साथ ही पाप खुश है हमें परेशान नहीं कर रहा है तो पाप में खुश रहे मैं पापी को दिक्कत नहीं दूंगा पापी हमें चाहे या ना चाहे माने या ना माने पापी को धर्म ना अपना सुख देता ना ही दुःख देता मगर पुण्य को धर्मात्माओं को तो बहुत दुःख में डाल देते हैं तो दोनों पाप-पुण्य में बहस चलता है उसी प्रकार जो पुण्य नहीं पापी को कहता जो तेरा ये पापी इतनी-इतनी गलती किया है या कर रहा है मगर जब पुण्य किसी के पास जाता है तो उससे सवाल-जबाव करना शुरू कर देते है जो तू इस आदमी के पास आया है अपना सुख लेके तो बता ये कितना धर्म किया है तो जीतना प्राणी के पास धर्म पुण्य रहता है उतना ही धर्म पुण्य उस आदमी के पास रहता है बाकी पाप अपने तरफ खींचता तो जैसे स्कूल में पढ़ते समय और नौकरी जब तक ना पा ले तब तक कितना प्रश्न सवाल-जवाब होता है, सो तो वही जाने तो पाप पुण्य में भी चलता है जो तो पाप का खुशी दिखता है जैसे वो महल में है बोगारी में है वो जहाज में है। वो इतना अच्छा-अच्छा खाता है बहुत खुश रहते हैं मगर गरीब पुण्य वाले पाप को अच्छा मानता मगर वो ये बात नहीं जानते है जो अमीर उतना ही खुश रहते है जितना कि गरीब पुण्य वाले को देखेंगे क्योंकि गरीब को ही देख के खुश होते हैं जो मैं महल में गाड़ी में हूँ और गरीब नहीं दिखाई दे सब का सब महल गाड़ी वाले ही दिखे तो वो आनंद नहीं पा सकते क्योंकि मगर गाड़ी में चल रहे हैं जितना घटिया से घटिया गंदा से गंदा आदमी को देखेंगे उतना खुशी मिलता है जो में उस से अच्छा हूँ। वो रोड पर सो रहा है मैं महल में हूँ ताकि जैसा नींद महल में है वही नींद रोड पर सोने वाले के पास भी है रहा खाना का तो कोई भी खाना या सुगंध मुँह नाक तक ही सीमित है बाकी पेट को तो भूख से मतलब है कुछ भी खाओ मगर खाओ पेट के पास जाते ही सबका सब एक रोटी ही बन जाता है कुछ भी डाल दोबारा आदमी अपना पेट में मगर जीतना पेट उनका प्रसन्न होता है वही प्रसन्नता पेट को रोटी देने पर भी मिलती है। बड़े आदमी बहुत कुछ पा के खुश होते हैं तो गरीब समस्त चीज को देख के ही रंग-बिरंग सोच के खुश रहते हैं जो इतना दिन के बाद वो दिखा बहुत प्रसन्न होते है तो असली प्रसन्नता गरीब के ही पास रहती है जो अपने में मार-पीट करते हैं फिर भी अपने के पास ही रहते हैं तो पुण्य धर्म दिखाकर ही इतना खुशी रखते है और जब पुर्न धरमात्मा बन जाते है तो वो भी बहुत बड़े-बड़े महलों में रहते हैं तो पाप करने वाले को भी पापी भी बहुत कुछ देते हैं और अपने पापी जितना पुण्य करने वाले रहते उसके पीछे पड़ा रहता है जो तू गलत कर तब ये सुख मिलेगा हर वक्त इंसान को परेशान करता है, जो ये सही

नहीं है तो वो सही नहीं है, यही चाहिए तो सब चाहिए हमें ही ये दुनिया पर सिर्फ मेरा ही हुकुम चले तो मेरा ही चले इसी के लिए सब के सब परेशान रह के गलत करने लगते हैं तो सच्चा धर्म करके जो महल पुण्य दिया था वो सब भागने लगते और झूठ पर अहंकार दिखाना शुरू कर देता हैं जो हमारे पास गाड़ी है तो महल है, तो मैं बहुत बड़ा हूं ताकि शरीर समस्त का एक ही खून माँस, हड्डी का है किसी में बड़ा होता नहीं है, सबका सब एक समान है तो एक पापी जन्म ही लेता है वही पापी पता नहीं कितना को पाप के रास्ते पर ले जाता है उसी प्रकार जिस प्रकार पढ़ा लिखा, समझदार पढ़ाई करते सबके साथ क्लासा से बाहर तक साथ रहते हैं साथी के साथ मगर समझदार साथी, दूसरा साथी को अपना जैसा समझता नहीं बनाता तो अच्छाई इंसान को अपने आप सोच के या करके लाना है कोई दे नहीं सकता और गुरु जी माँ-बाप देते हैं तो लोग बुरा मानते हैं। मगर एक पापी जन्म लिया और नशेडी, अय्यासी, जुआरी, बलत्कारी, मारपीट, पाप उस आदमी से निश्चंत रहता है जो ये तो अपना बड़ा नेता है जो एक अपना पार्टी ही बनाएगा तो इस को लोकप्रिय बनाने के लिए पाप-पुण्य सबके पास दौड़ता है तो पुण्य करने वाले के पास जितना पाप दिखता है उनमें घुसके इसका गाड़ी, महल उसको देके खुश करता और तो पाप में तुरंत का तुरंत मिलता है मगर पुण्य में किसी का लिया हुआ नहीं मिलता है अपना धर्म कर्म से मिलता है तो जो धर्म, कर्म करते ही रह जाते उनके तब तक रहते हैं जब तक अगर नहीं बढ़ता है खुशी तो कमता भी नहीं है तो पाप आदमी को अपनी ओर खींचता रहता है मगर पुण्य किसी को अपनी ओर नहीं खींचता जो हमें मानो या ना मानो इसीलिए पापी को तुरंत खुशी मिलती मगर धर्मात्मा को तुरंत नहीं मिलती जैसे महल बनाएंगे तो जगह देखेंगे जगह पर गंदा सब है काम के लायक नहीं है वो एक साफ सुधरा करेंगे कितना समान सब बन के महल तैयार होता है तब जाके कोई बसता है। बाकी रोड पर तो कोई भी रह सकता है उसी प्रकार पूज्य धर्म किसी में वास करने लगता तो दुःख सबको भगाता है तो दुःख सब जो निकलता तो दुःख से घबरा के गलत करते नहीं भगवान आपका दुःख खराब निकाल रहे है सब और आपके अंदर अपना महल बना लेंगे बाकी तो हर इंसान में भगवान रहता ही है भले ही पाप सब में मिले या ना मिले मगर भगवान सब में मिलेंगे तो भगवान को धर्म सत्य भला दूसरे मजबूर की सहायता करके महल में भगवान को रखता और एक इंसान शराबी निकलता है जो जबरदस्ती दूसरा इंसान को शराबी बना देता है। गलत करने वाले का मकसद ही रहता है जो सबका एक गलत ही करें ताकि में गलत में फंस

गया तो दुनिया भी फंस जाए और जैसा में दुःख में हूँ वैसा सब रोयें और गलत आदमी शराबी किसी का आज तक शराब छुड़ाया नहीं होगा मगर शराबी अगर दुनिया में किसी को बनाया या नहीं बनाया मगर अपना बाल बच्चा को जरूर शराबी बना देता है। मगर एक समझदार साथी समझदारी नहीं देता तो समझदार अच्छाई को पाने में बहुत कष्ट दुःख है इस में कोई साथी भी साथ नहीं देता और उस दुःख कष्ट को झेलते भी जो गलत नहीं करता मगर अगर कहीं अच्छाई है तो सच्चाई में ही बाकी बुराई में अच्छा होता कि नहीं उसकी गारंटी बिलकुल नहीं है क्योंकि बुरा करने वाला अच्छाई के लिए दौड़ता है मगर अच्छा करने वाले बुराई के पास दौड़ना तो दूर जाए देखते भी नहीं, दूर रहना पसंद करते हैं, जबतक कोई अच्छा कर्म वाला खोजबीन नहीं करता जिस दिन धर्म-कर्म और अच्छाई की खोज करना शुरू कर देता है तो बुरा करने वाले कहीं भी रहे पकड़ ही जाते हैं तो बुरे कर्म करने वाले सोच समझ कर कोई देख न ले ये सोच के गलत कर लेते हैं और गलत हुआ मगर किया कौन सो पता नहीं गलत करने वाले को कोई देखा भी नहीं जब देखा ही नहीं तो जानेगा कैसे? मगर गलत करने वाला सब कुछ जान बुझ कर करता है और पकड़े जाने पर परिणाम क्या होगा वो परिणाम जानते हुए भी गलत कर लेता है जो कोई ना देखा है, ना जानता है, गलत कर्म जो उसने किया है वह तो सिर्फ वही जानता है मैं भी कुछ नहीं जानता हूँ, ना कुछ देखा हूँ बोल के सब के साथ रहता है मगर एक रोज सच्चाई अपने आप सामने आ ही जाती है आज तक जो सत्यमेव जयते एक दम सत्य है जो भले ही कुछ बुराई छिप जाए तो छिप जाए आदमी से मगर अच्छाई भागता नहीं छिपता नहीं यहाँ तक की हमने ये अच्छा किया है जो नहीं देखा है उसको भी लोग बड़ी प्रसन्नता से सुनाते हैं जो मैंने ये अच्छे-अच्छे काम किए हैं बोल के भी प्रसन्नता मिलती है मगर बुरा करते समय तो कर लेते हैं। लेकिन बाद में डर भी लगता है मगर किसी को बोलना तो दूर जाए सबके सामने कहीं मुहं से ना निकल जाए उसको छुपाते-छुपाते ही पेरशान रहते हैं तो छुप के तो पाप-पापी रहते हैं सच्चाई तो खुले आम रहती है तो मैं ये अच्छा किया तो बुरा करने वाला भले ही अच्छा नहीं कर पाएगा मगर एक अच्छा अगर बुरे से बुरे करना चाहेगा तो कर लेगा क्योंकि बुरा करके खुश होना आसान है मगर अच्छा करके खुश होना बहुत ही कठिन है लेकिन खुशी इस कठिनाई में ही है तो अच्छा आदमी तो अनजान बन के कितना दिन हो जाने के बाद भी पकड़े जाते हैं क्यों गलते करने वाले चारों तरफ नजर दौड़ा के देखता रहता है कि कोई आदमी देख तो नहीं रहा है सिर्फ आदमी से

ही छुप के गलत कर्म कर डालते मगर उस इंसान को वो गलत कर्म, वो समय, वो जगह, सब डर-दुख का गलत है बहुत समझाता है मगर पाप इतना गहरा रहता है जो जानते भी गलत कर देता मगर इंसान की ये सबसे बड़ी भूल है जो आदमी से छुप गए तो हम जीत गए और हम आदमी को दिखाने और दिखा-दिखा के पूजा-पाठ करता हैं क्योंकि पता नहीं भगवान देखते हैं कि नहीं, तो आदमी देख भी ले तो कुछ नहीं हो सकता है क्योंकि आदमी जो अच्छा या बुरा तो वो काम आदमी देखे या ना देखे मगर ये हमेशा ध्यान रखे जो हम जिस जगह पर कुछ कर रहे है प्रथम तो वो जगह देख रही है, दिन देख रहा है, रात देख रहा है, कीड़ा, पतंगा, मकड़ा, छिपकली, हवा, समय मतलब सिर्फ एक आदमी को छोड़ सब हमको दिखते हैं तब ना आदमी को अच्छा कर्म करते समय अपने आप खुशी होना शुरू होती और बुराई से डर लगना शुरू हो जाता है तो वो समय प्रत्येक प्राणी के पास है। गलत को पकड़ता ईमानदार है तो जो गलत करता है उसका सारा का सारा समय कर्म वो जगह सब कुछ अच्छे आदमी को बता के विश्वास दिला के जगह पर ले जाती है और जैसे-जैसे कर्म किया रहता कुछ-कुछ प्रमाण दिखा के पूछताछ करता है तो झूठ ढूढ़ता है कहाँ छिपूं मगर सही के पास झूठ नहीं छिप पाता तो झूठ का अरझा हुआ गाड़ी, महल जितनी खुशी देती थी उससे कई गुना ज्यादा दुःख देना शुरू हो जाता जब सबको पता चलता है जो यही आदमी चोर या बलत्कारी या मर्डर या कुछ भी गलत करने के अपराध में पकड़ा गया है तो अपमान का दर्द सहता रहता है वो गाड़ी, महल रोड साइड से भी ज्यादा खराब दिखता है। काश मैं भी रोड़ पर ही रहता मगर गलत नहीं करता लेकिन गलत कर्म तो हो चुका है।

सवाल : भगवान में भी तीन नाम ब्रह्मा, विष्णु, महेश आते हैं और देवता अनेक हैं, देवी अनेक हैं नाम सबका सब लेते हैं पूजा सबका सब करते हैं मरग मरने के बाद सिर्फ एक नाम, राम नाम सत्य है ऐसा क्यों ?

जवाब : राम जी जब रावण से युद्ध करते थे तो रावण के भी सैनिक मारे जाते थे। रामजी का एक भी सैनिक या कार्यकर्ता मारा गया ये कहीं लिखा या सुना ही नहीं, क्योंकि मरते तो थे रामजी के भी आदमी मगर जब युद्ध खत्म होता था तो देवता अमृत की बारिश करवाते थे जिसमें जय श्री राम कहने वाले उठ के खड़े हो जाते थे और जय लंकेश कहने वाले पे अमृत तो गिरता मगर वो लोग नहीं खड़े होते इसीलिए राम का नाम लेते हैं लोग जो अगर कोई ऐसा पापी,

जादू-टोना वाले ने मारा होगा तो राम का नाम से उठ के खड़ा हो जाएगा।

दूसरा: जब राम जी सरयू में अपना शरीर त्याग किये तब से जो भी राम का नाम से सरयू में गया उस सबका सारा का सारा पाप धुल गया तो सब जगह सरयू तो नहीं है और समस्त सरयू भी मरने के लिए नहीं आ सकते और जो सब मर जाते उनको भी सरयू लाएंगे सो भी सबको पार नहीं लग सकता तो लोग राम का नाम पर ही उद्धार होने लगे और जब से राम का नाम पर जलाने लगे तबसे उस राख को रामजी की भस्म मान के महादेव अपना पूरा शरीर पर लगाने लगे इसीलिए राम का नाम लिया जाता है जो राम का नाम जिंदा तो जिंदा मरे हुए के भी काम आता है और उद्धार होते है।

जब अश्वमेघ यज्ञ के लिए सीता जी की प्रतिमा बनाने लगे प्रतिमा बनके तैयार हो गई अब कल श्री राम जी सीता जी की प्रतिमा देखेंगे और सही कह देंगे तो माना जाएगा और यज्ञ शुरू होगा तो राम जी प्रतिमा देखने के लिए आए प्रतिमा एक पर्दे से ढक रखी थी जैसे ही पर्दा हटाता प्रतिमा थी तो सीता जी की ही मगर एक बगल का कान ही टूटा हुआ बनाने वाला ताज्जूब में, ये कैसा अनर्थ हो गया कल तक तो सब सही था अभी ऐसा कैसे हो गया ? क्योंकि उनके सिवाय दूसरा वहां कोई आ भी नहीं सकता भगवान श्री राम जी से क्षमा मांगी फिर समय मांगा और दूसरी प्रतिमा बनाने लगे, वो भी तैयार हुआ फिर राम जी देखने आए तो एक बगल की आंख ही ठीक नहीं थी बनाने वाला भी कोई साधारण तो नहीं था कुछ समझ काम नहीं कर रहा थी तो कुछ समय और मांगे किया क्या जाएगा यज्ञ तो करना है प्रतिमा भी चाहिए ही चाहिए और जब तक प्रतिमा नहीं तैयार होगी तब तक यज्ञ का मुहूर्त नहीं निकाला जा रहा है। इस बार तो प्रतिमा तैयार हुई तो सबको पहले दिखा दिये जो इस बार कुछ भी कमी हो तो पहले ही बता दें तब जाके राजा राम जी को दिखाएंगे सब ने देखी मगर एकदम सीता जैसी सब ने बोला तो ठीक है कल राम जी देखने आएंगे फिर कल राम जी आए पर्दा हटा तो पूरा का पूरा नाक मुंह ही टेढ़ा साफ बदला हुआ अब तो हाहाकार महल में हो गया क्योंकि पहले तो बनाने वाले पर शक था मगर इस बार तो सबको पहले बनाने वाले ने सबको दिखा दिया था सबने सही बोला था और इतनी जल्दी कोई इतना खराब कर भी नहीं सकता था। मगर राज जी तो शांत करने वाले शांत गंभीर भाव में बोले ठीक है कोई बात नहीं फिर से बनाए कुछ हो गया होगा मन छोटा नहीं करते क्योंकि सब कुछ एकदम सही-सही है बस थोड़ा-थोड़ा छोटा ही कुछ अलग दिखता है। कल

से फिर नया तैयार करें सबके सब चले गए मगर मन ही मन सोचते ऐसा कैसे हो जाता है वो भी एक बार नहीं कितना बार हो गया आखिर क्यों ऐसा होता है ये बात सबके साथ-साथ राम जी भी मन ही मन सोच रहे थे जो ऐसा हो रहा है रात में खाना के बाद जब सब अराम करने लगे तब राम जी उसी जगह गए जहां सीता जी की प्रतिमा थी तो राम जी उस प्रतिमा से पूछे जो कहे स्वर्ण आप मेरी भावी सीता का प्रतीक क्यों नहीं तैयार होते हैं तो स्वर्ण राम जी से कहते हैं हे प्रभु हमें क्षमा करें हमें भी तो एक रत्न में माना जाता है मगर माता जगत जननी सीता तो महा जगत जननी रत्नधारी हैं जब वो सति पतिव्रता को लोग इतना नीच से नीच कलंग लगा के परी त्याग करा दिये तो जब असली जगत जननी का ये हाल सब कर दिये हैं तो हम तो असली सीता के रहते ही मैं उनका अपमान करके कैसे नकली सीता बन जाऊं और अभी हमें भी एक रत्न में गिनती आती है और कहीं सीता माता हमें भी परित्याग कर दें जो ये कोई रत्न नहीं है एक-एक कलंकी हैं स्वर्ण से कोई मत प्रेम करो मत मान-सम्मान करो तो प्रभु आप हमें क्षमा करें जो मैं उस पवित्रता का नकली प्रतिमा बनके अपमान करूं, राम जी उस स्वर्ण का ऐसा भाव देखके उस स्वर्ण को गले लगा लिए और बोले धन्य हैं आपने मेरी सीता की पवित्रता का इतना गुणगान सुना के आपने हमें प्रसन्न कर दिया जाइये मैं आपको वचन देता हूं जो स्वर्ण दान या स्वर्ण धारण करके कोई तीर्थ या पूजा-पाठ करेगा उसको दोगुना खुशी मिलेगी। अगर किसी को स्वर्ण परिस्थिति बस ना हो तो स्वर्ण रंग का भी प्रयोग कर लेता तो भी मानता मिलेगी (इसलिए भगवान रंग स्वर्ण का रंग है जो संत महात्मा धारण करते है) स्वर्ण ऐसा वरदान पाकर बहुत खुश हुई फिर भी प्रभु इस सीता की प्रतिमा से कौन प्रेम करेगा? जिसे आप भी त्याग कर दिये हैं क्योंकि इस प्रतिमा में यज्ञ होने के समय उसमे प्राण प्रतिष्ठान भी किया जाएगा तो उस प्राण को कौन प्रेम करेगा? वो प्राण तो एक अनाथ जैसा ही कहीं साइड में पड़ा रहेगा हे प्रभु हमें क्षमा करें तो राम जी बोले आप मेरी सीता की प्रतिमा बनेगी हमारी सीता को दुनिया किसी भी नज़र से देखे मगर मैं सीता के सिवाय दूसरी पत्नी का ख्याल भी नहीं सोच सकता तो इस जन्म हम असली सीता के ही हैं अगले जन्म हम नकली सीता के ही रहेंगे अगले जन्म में हम अनेक से शादी करेंगे मगर हमारे और आपके प्रेम से बढ़कर कोई नहीं होगा लोग हमारा नाम लेंगे या नहीं लेंगे मगर आप का नाम जरूर लेंगे और दुनिया सदैव भटकता रहेगा जो अपने में भी इतना प्रेम नहीं दिखता है जितना कि हम दोनों में बगैर कोई रिश्ते के इतना प्रेम किसी दूसरा में हो ही नहीं सकता ये मैं वचन देता हूँ अगर

आपको विश्वास है हमारे ऊपर तो आप प्रतिमा बनें अगर नहीं हो तो फिर छोड़ देते हैं क्योंकि सीता की नकली प्रतिमा में भी वो शक्ति है जो अभी जितना आकाल चल रहा है वे सब खत्म हो जाएगा। स्वर्ण ने भगवान से क्षमा मांगी और बोले प्रभु हम धन्य हैं सर्व रत्न में एक मेरा अलग लोकप्रियता रहेगी आपने हमें इस लायक बना दिया हम आपका मन रुष्ट किये इसके लिए क्षमा करें प्रभु राम जी बोले क्षमा नहीं सही में आप महान हो जितना आपने हमें प्रसन्न किये जनक दुलारी बनके ये बहुत बड़ा आशीर्वाद का हम दोनों का जला रुष्ट मन, तन आत्म सब हम दोनों का बात मिलने से प्रसन्न बढ़ गया है आप आज से आप कहीं रहे मगर हम दोनों आत्मा मन से हमेशा एक साथ ही रहेंगे और रात को हर रोज बात करेंगे, वही हुआ राधा जी क्योंकि श्री कृष्ण का नाम लेते ही राधे-राधे जपते हैं और राधे का जप से तन मन आत्मा में एक समस्त को रहते भी एक अलग प्रकार का आनंद का अनुभव महसूस होता है तो राम युग में राम नाम सत्य है तो कृष्ण युग में राधे राधे से मुक्ति है।

फिर प्रतिमा खुशी-खुशी तैयार हुई यज्ञ भी पूरा हुआ असली सीता धरती में समा गई सुख-दुःख सब मान के सामान्य सब हुए तब राम जी और वो सीता स्वर्ण दोनों सुख-दुःख की पूरी बात करते।

तो सीता बोली प्रभु मेरा मिथला वासी को आप किस तरह से देखते हैं तो प्रभु श्री राम बोले मैं क्या हूं मिथला वासी के सामने मिथला तो वो महान नगरी जिसका जितना वर्णन करें उतना कम है और हम, हम तो कभी भी मिथला का कर्ज, एहसान नहीं चुका सकते मैं अपनी कुल माँ-पिता जी सबके वचन पालन करके ऋण मुक्त हो गया मगर मिथलावासियों का कर्ज मेरे से कभी उतर ही नहीं सकता इतना एहसान है तो सीता बोली प्रभु हम समझे नहीं हमें ठीक से समझाएं।

तो प्रभु बोले मिथला की परंपरा व्यवहार सिर्फ मिथला ही समझ सकता है बाकि मैं भगवान हूं जब मैं ही बोल रहा हूं जो मैं मिथला का ऋण नहीं उतार सकता तो आम इंसान की तो बात दूर जाने दो।

तो सीता जी बोली प्रभु आप हमारा मन रखने के लिए ऐसी बात बोलते हैं क्योंकि आप तो खुद महा आनंद दायक हैं, भगवान हैं हम आपका पूरा जीवन साथ भी नहीं दिये और हमारे मिथला वासी आपको कौन सा ऐसा सुख दे दिए जो आप बोल रहे हैं कि ऋण नहीं चुका सकता आप ऐसी बात करके हमको प्रसन्न रखना चाहते हैं।

तो राम जी बोले नहीं हमारे मुख से गलत निकल ही नहीं सकता आप मिथलावासी हैं ना बाकि एक हमारे उधर के लोगों को देखिये कितना त्याग किए आपने अग्नि परीक्षा दी यहां तक कि आपके खातिर धरती फट गई क्योंकि आप सति हैं तभी तो ये सब चमत्कार हुए फिर भी पता नहीं हमारी प्रजा को आप पर सच्चा विश्वास है कि नहीं मगर आपके मिथला की बात विचार का मैं सही-सही गुण गान करता हूं।

जब अयोध्या से मेरी बारात के साथ पिता जी आए और हम से मिले तो वो हमें बहुत बड़ा महान समझने लगे जो तू एक अलौकिक सही में शक्तिमान है तो मैं पिताजी को बोला ये आप सोचते हैं मैं तो बस इतना जानता हूं मैं आपका पुत्र हूं।

तो पिता जी बोले जानता है यहां से जो दास शादी का संदेश लेके गया था उसको मैं कुछ बक्शिश दिया वो प्रणाम करके वापस कर दिया जो हम बेटी को देते है बेटी के घर का पानी भी ग्रहण नहीं करते है ये तो रत्न हैं सो प्रभु हमें क्षमा करें आप महान हैं।

तो समझ लो जिस नगर के दास में इतने संतोष सुंदर विचार हों तो उस राजा और राजकुमारी कितनी कर्तव्यमान, संतोषम परम सुखम होंगे जो आपके कारण हमें भी ऐसा राजा और प्रजा के दर्शन हुए इसीलिए तो महान है सारी मान-मर्यादा प्रेम, पूर्वक तुमसे मैं प्राप्त कर लिया जो पिता अपने पुत्र से अपेक्षा रखता है।

ये तो मेरे पिता जी की बात हुई अब मेरी बात और अनुभव सुनो, जब मैं आपके दरबार में गुरु जी के साथ आया तो महा भगवान की तरह से वंदना करके स्वागत किया और गुरु जी से बोले सतानंद प्रभु मेरी माँ तो गुरु जी बोले हाँ यही श्री राम हैं जो आप सबका कलंक से उद्धार करेंगे। अब आप की माता भी अपने गांव खुशी-खुशी चली गई तो वो हमारा भगवान-भगवान करके बहुत गुण गान करीं तो मैं गुरुजी से पूछा तो ये कौन हैं तो गुरु जी बोले ये गौतम ऋषि के पुत्र है। जिनकी माँ श्राप से पत्थर बन गयी थी और वे भी बहुत कष्ट झेल रहे हैं क्योंकि इनको भी श्राप पड़ा था दलिद्रता का और इनका बहुत से कलंग से मुक्ति पा ली सिर्फ आपका चरण वो नारी रूपी अहिल्या पत्थर पर पड़ते ही सब का उद्धार हो गया इसीलिए आप पर करूणा बरसा रहे हैं।

इसके बाद जब हम धनुष तोड़ दिये तब तो जैसे लगा समस्त मिथला ही हमको पलकों पर बैठा ली है सबके सब महा आनंद में नाच-गाकर झूम रहे थे।

मगर सतानंद को एक अलग प्रकार का मूड़ दिखता व्याकुल करुणा का भाव महा दुःखी जैसे अब मैं मन ही मन सोचता इससे पहले तो बहुत प्रसन्न थे अब क्या हो गया मैं धनुष तोड़ दिया तो इनको तकलीफ क्यों हो गयी क्योंकि समस्त प्रजा खुश है अब हम मौका ढूढ़ने लगे, जो ऐसा उनका मन क्यों है उनको अकेले में पूछें मगर ऐसा समय ही नही मिल रहा था, मगर एक टाईम वो हमें अकेले में मिल गये तो मैं उन को प्रणाम करके उस राज का बात पूछा, तो वो हमारा चरण पकड़ के वो करूणा विरह भाव में बोले जो मैं तो आपको प्रभु भगवान मानता हूँ, मगर हमें नहीं पता था जो भगवान ही हमारा मेहमान बन जाएंगे आप तो करूणा के सागर है जो कोई नहीं कर सकता वो आप कर सकते है।

तो मैं बोला आप कहना क्या चाहते हैं सो बताएंगे तब तो हम समझेंगे आप जो बोलेंगे हम वही करेंगे तो वो हमें पहले सत करवा लिये जो मैं कहूँगा सो आप करेंगे, हमने भी सत कर लिया।

तब वो बताए जो हमें तो दरिद्रता का श्राप था जो आप ले लिये हैं तो आप तो भगवान हैं मगर अब आप हमारे जमाई हैं तो समस्त अपने बेटी-जमाई को समस्त खुशी देता है और हम ऐसे पापी जो अपना दरिद्रता दिये हैं सो प्रभु मेरा मन तन तो दूर जाए मेरा आत्मा भी बहुत रोती है।

तो मैं पूछा तो अब आपकी नज़र में कोई ऐसा रास्ता हो जिससे आप भी खुश हो जाएं और हम भी खुश हो जाएं तो बताए हम वही करेंगे।

तो सतानंद बोले हाँ एक रास्ता है हमारी नज़र में आपने वचन दिये है तो आप ऐसा करें जो आधा उम्र तो हम बाल-बच्चों के साथ दरिद्रता का दुःख काट चुके हैं बचा आधा उम्र जो इस जन्म में नहीं हम खुद अगले जन्म में पूरी दरिद्रता भोगूं ऐसा वरदान दें तो हमें संतुष्टि मिलेगी जो मैं अपने बेटी के घर में दरिद्रता नहीं जाने दिया तो में खुश होंगा।

मैं तो दंग रह गया कितना महान मिथला है जहाँ ऐसी-ऐसी महान परम्परा महान लोग, महान ज्ञानी जो कैसी भी असंभव को संभव कर दें ताकि मैं भगवान रहते भी नहीं जानता हूँ, ऐसे भी नगर भक्त सब हैं धन्य हैं मिथिला में उनको वचन दिये जो अपका ही खुशी में मैं भी खुश हूँ हम आपके अगले जन्म की दरिद्रता खत्म होने का इंतजार करेंगे मगर इसके बाद जो मैं सुख दूंगा वो भी आपको लेना पड़ेगा क्योंकि कहीं फिर उस जन्म में भी आप हमें मेहमान ही न समझ लें तो सतानंद बहुत प्रसन्न हुए अब सबके सब आनंद ही में हैं तो आपका मिथला इस प्रकार का है- तो वही अगले जन्म सुदामा हुए।

तो सीता बोली प्रभु मिथला की प्रशंसा सुनके अच्छा लगा तो और कुछ अच्छा लगा हो सो सुना दें तो और आनंद आए।

तो राम जी बोले मिथला में कुछ बुरा दिखा ही नहीं मिथला की बुराई भी अपने आप में बहुत बड़ी अच्छाई ही सामने निकल कर आती है और इतना सच्चा प्रेम भी मिथला में ही दिखता है जैसे इतने सुंदर पुरुष को देख के सबके सब सोच सकते थे जो मेरा ही विवाह राम जी से हो, तो मेरा ही विवाह हो मगर हमको देख के सब के सब यही बोलते जो किशोरी को इसी लड़के से विवाह हो सबके मन में थोड़ा भी विचार नहीं आया कि जो राम जी मेरे हो जाये मगर मन रुष्ट हो जाता तब जब धनुष दिखता तो सबका मन रुष्ट हो जाता जो ये नन्हा कोमल बच्चा से धनुष हिल नहीं सकता तो ये नहीं जो धनुष हिल नहीं सकता तो हम से ही शादी हो ऐसा भी किसी में विचार नहीं हो विवाह तो किशोरी जी से और ना हो तो किसी से नहीं ये सच्चा प्रेम का भाव मिथला में ही दिखाई दिया और आपके मिथला की जो महान परंपरा जीजा-साली सबका प्रेम तो मिथलानी का प्रेम हम से पूरा नहीं हुआ वो सबकी सब साली सरहोज सब के सब अगले जन्म में पूरा होगा सब आप के ही साथ रहेंगे और हम आप के इशारा पर ही उठेंगे और बैठेंगे, मतलब हम आप सबके ही गुलाम रहेंगे।

सीता बोली, ठीक सुन्दर अच्छा, तो बहुत सुने अब थोड़ा ये भी बता दें जो मिथलावासी में किसी का भी कुछ ऐसा एहसान करने वाला दूसरा मिला भी ना हो क्योंकि भले ही आपके अयोध्यावासी हमें जिस नजर से देखे मगर आप से बहुत प्रेम करते हैं ये एकदम सत्य है और आपके इशारे पर सब के सब मर मिटने को भी तैयार हैं तो ये भी आप एक एहसान ही माने तो ऐसा एहसान हमारे मिथला में भी आप किसी में देखे या सिर्फ प्रेम ही राम जी बोले मैं क्या मिथला का ऋण जब हम ही नहीं उतार सकता तो दूसरा तो दूर जाए प्रेम से लेके इस जन्म तो इस जन्म अब तो उस जन्म में भी हम समस्त के साथ परेशान ही रहेंगे सिर्फ आप सबके ही पास तो हम सारा का सारा गम भुला के कुछ हंस गा लेंगे, यह एहसान सब मामूली हैं क्या उस जन्म का तो बहुत टाईम है इसी जन्म में जितना एहसान मिथला का हम सबके ऊपर है वो कोई चुका ही नहीं सकता आज हम सब सही सलामत हैं तो वो मिथला के ही एहसान के खातिर और हकीकत बात है ऐसे चमत्कार वाले प्रेमी मिथला में ही पैदा हो सकते हैं।

सीता जी, प्रभु आप तो ऐसे वर्णन कर रहे हैं हम को तो लगता है आप हमें

बहला-फुसला के प्रसन्न कर रहे हैं नहीं तो आप ब्रह्माण्ड हैं, आप आनंद हैं, समस्त आपके एहसान पर सुख आनंद प्राप्त करते हैं आप पर ऐसा कोई एहसान कर दे जो आप से ना चुके ये तो असंभव लगता है इसीलिए मन में ये प्रश्न आया प्रभु क्योंकि मैं जानती हूँ आप से कुछ गलत हो ही नहीं सकता। आपका गलत में भी आनंद ही है।

तो राम जी बोले मैं सत्य बोल रहा हूँ मिथला का ऋण नहीं चुका सकता प्रेम से लेके बहुत बड़ा-बड़ा एहसान तक देखों हम भाई सब में कितना प्रेम है सब एक के खातिर एक जान देने के लिए तैयार हैं मगर कलंग भाई-भाई में लग चुका जिसके लिए इतना बबाल हुआ मगर आप भी तो चारों बहन ही हैं और आपमें तो गलती भी हुई जो आप तो हमारे साथ थी मगर लक्ष्मण की उर्मिला तो यहीं रही। मगर फिर भी कितना प्रेम जो दीदी होती ऐसा जो हम सब का नाक ऐसा कर दिया जिसको कोई तोड़ ही नहीं सकता। यही प्रेम हम सबके उस कलंक को धोता है क्योंकि कलंक साफ होता है मधुर प्रेम से जैसे शबरी का प्रेम शबरी माई भीलनी का झूठा खाना कलंक वाली बात है मगर इतना प्रेम है जो कलंक का भाव आनंद में बदल गया प्रेम में वो शक्ति है, जो समस्त असंभव को भी संभव लगने लगता है तो हम सब का कलंक आप मिथलानी का ही प्रेम तो मिटा रहा है क्योंकि हमारी प्रजा भी कलंक की ही बात बोल, मगर धन्य है मिथला की प्रजा एक बार चूं भी नहीं बोली ये एहसान सब मामूली हैं क्या ये एहसान सब तो हम जानते हैं मगर प्रत्यक्ष प्रमाण ये ही ले लीजिए तो बजरंग बली अंजनी नंदन ने कहा कि वो भी तो मिथले के हैं जो हमारा ऐसा दूसरा कोई भक्त ही नहीं, सेवक ही नहीं, आज रावण से जीता हूँ तो उसी की बदौलत कितना बड़ा एहसान संजीवनी वाला, आपकी खोज, लंका दहन, नाग से छुड़ाना, रावण से बचाना ये तो दुनिया ने देखा है और सदैव बोलता रहेगा होता क्या ये तो बाद की बात है मगर लक्ष्मण को संजीवनी देके जिलाने वाले तो मिथलावासी ही हैं हम दोनों नाग फास से भी मर जाते जीवन देने वाले हनुमान ही ये सब मामूली थोड़ी है हनुमान जी का ऋण कौन उतार सकता है।

तो सीता जी बोलीं प्रभु आप तो बहुत जगह बहुत धाम बना दिये तो क्या हमारे मिथला में भी कोई धाम बनाएँ हैं।

प्रभु श्री राम जी बोले मिथला तो खुद ऐसा धाम है जहाँ भगवान भी इंसान बन जाएं और इंसान सब भगवान से भी बड़े महान दिखें मिथला की धरती बहुत पावन है।

आने वाला समय में चार धाम तो महान रहेगा ही मगर इस धरती पर सबसे बड़ा धाम मिथला में ही होगा जहाँ पर जाने से ऐसे-ऐसे पाप और दुःख दूर होंगे जो भगवान की पूजा-पाठ और दर्शन से भी ना खत्म हों इतना पवित्र धाम अपने आप मिथला में बन गया है।

सीता जी बोलीं प्रभु सबसे बड़ा धाम हमारे मिथला में तब तो हमारे मिथला का तो लोग बहुत गुणगान करेंगे, दुनिया के लोग मिथला में भी धाम करने आएंगे।

भगवान बोले इसकी मैं गारंटी नहीं ले सकता जो लोग मिथला में भी धाम करने आएंगे।

तो सीता जी बोली यह धरती का सबसे बड़ा धाम उस धाम में लोग क्यों नहीं जाएंगे तो फिर वो बड़ा धाम किस काम का और धाम करने लोग क्यों नहीं जाएंगे सो बताएं तो राम जी बताए मिथला के लोग दुनिया में कहीं भी जाएगे बड़े से बड़े या छोटे से छोटे कैसा भी काम करेंगे मान-सम्मान पाएगा ही मगर दुनिया के लोगों को मिथला में जाने के लिए बहुत धर्म-कर्म जो अच्छा-अच्छा पवित्र होगा वही मिथला जाएगा क्योंकि जहाँ भगवान को भगवान मान लिया हो, भगवान को भी इंसान बना दे, भगवान माने ही नहीं वो आप का मिथला है क्योंकि जब मैं मिथला में गया तो सब के सब हमें भगवान जैसा ही महान मान के देखते थे विश्वामित्र का यज्ञ करवा दिये अहिल्या का उद्धार कर दिये हम से सब बात नहीं करते थे कि भगवान से हम लोग कैसे बात करें? कैसे उनके सामने जाऊं और जैसे ही धनुष टूटा कहाँ गए भगवान की तो महानता खत्म मेहमान का रिश्ता शुरू तुरंत का तुरंत किसी को कोई भय नहीं जो ये भगवान हैं इसके साथ थोड़ा अच्छा से मानू इंसान जैसा ही सबकी सब परंपरा करवाए, हम चारों के चारों भाई भी दंग थे जो भईया ये कैसी मूर्ख नगरी है जहाँ कोई महत्व मिल ही नहीं रहा है हम लोग साधारण थोड़ी हैं भले ही इंसान के रूप में जन्म लिए हैं, मगर हूँ तो महान बंदे, मगर यहाँ तो साधारण से साधारण इंसान भी हम लोग को जो भी मन में आता है वो बोल देते है और बोल ही नहीं देते हैं, परेशान अपमान भी कर देते हैं इन लोगों में कोई गम ही नहीं दिखता हम लोग को बदनाम करने में तो भाई सबको मैं क्या समझाऊं क्योंकि मैं खुद दंग था जो इतना अपनापन कोई-कोई देता है उसी के साथ रहता है मगर मिथला में सबके सब अपने ही अपने हैं कोई दूसरा भी है सो किसी का मन में है ही नहीं सबके सब एक मन का गलत कहे या सही कहे मगर जो एक बोला सब के सब वही करेंगे ऐसा पक्के प्रेम की नगरी में वही लोग जा सकते हैं जिसको जन्म जन्मानतर का पुण्य हो वही मिथला में जाने का सोचेंगे और अगर भूल से भी चले गए तो एक जन्म नहीं अनेक

जन्म के सारे के सारे पाप कट जाएगे ये बात एकदम सत्य है।

सीता जी बोलीं आप मिथला का बहुत गुणगान कर दिये अब अगर और है तो आप अपने मन में ही गुणगान रखें मगर वो बाप बोले जो सब से बड़ा तीर्थ धाम मिथला में ही बन गया सो कहाँ और वहाँ का फल क्या होगा सो बता दें क्योंकि मन सुनने को आतूर है।

प्रभु बोले गौतम ऋषि अपनी धर्म पत्नी को पत्थर होने का श्राप दिये, पुत्र को दरिद्रता का श्राप दिये और पुत्री को कुंवारी में ही तू माँ बनेगी तीनों को तीन तरह का श्राप दे दिए।

तो गौतम ऋषि का पुत्र सतानंद जो आपके कुल गुरु हैं उन्हीं से मैं पूर्व जन्म का भार लेना शुरू किया जो आप राजा तक आए हैं पुत्री अंजनी जो हनुमान जी को जन्म दी हैं।

तो धर्म का राज समझ इन्द्र छल से अहिल्या के साथ संभोग किए तो इंद्र को भी श्राप मिला। तो चार-चार महा दुःख से महा कलंक का स्थान बन गया मगर जैसे ही मेरा राम का नाम आया जो राम से ही उद्धार होगा तो जब भी यह हम अपने चरण उस सती नारी पर सटाए वैसे ही सबके सब श्राप खत्म हो गए और माता अहिल्या का तेज पुण्य हमको जो मिला सो तो मिला ही हमारे चरण के खड़ाऊ को भी इतना पुण्य मिला जो आज तक मुकुट ही जिस के सिर पर जाता है वही राजा बनते हैं मगर उनके प्रभाव से चरण के खड़ाऊ बगैर मुकुट के 14 साल राज किया है वो भी शांति पूर्वक एक भी अनहोनी नहीं होने दी चाहे राज में हो या कोई राज्य से बाहर हो सबको मान-सम्मान के साथ खड़ाऊ राज्य चलाए जैसा मैं भी नहीं चल सका मैं भी कलंक को नहीं रोक पाया आकाल प्रलय को भी नहीं रोक पाया जो अश्वमेघ यज्ञ नहीं होता तो वो दुःख खत्म ही नहीं होता मगर जब तक खड़ाऊ सिंहासन पर थे तब तक कितना बड़ा पहाड़ हम सब पर युग ही युग चलता रहा मगर किसी का भी बाल बाका नहीं होने दिया वो माता अहिल्या के स्थान का ही प्रभाव है ऐसा चमत्कार धरती पर सिर्फ अहिल्या के ही स्थान पर है जहाँ प्रेम पूर्वक सारा का सारा कष्ट, दुःख, कलंक खत्म हो जाएगा पांव रखते ही उस अहिल्या स्थान में।

दूसरा कोई भी स्त्री या पुरुष पति-पत्नी के रहते पर पुरुष या पर स्त्री के पास छल से या प्रेम से संभोग का रिश्ता बना लिया हो दूसरे पति के साथ संभोग करना या दूसरे पत्नी के साथ संभोग करना सबसे बड़ा पाप है इससे बड़ा पाप दुनिया में है ही नहीं मगर वहाँ जाने पर ये पाप अपने आप कट जाएंगे, एकमात्र इसी स्थान पर ही नहीं तो ऐसे कर्म का पाप किसी भगवान से या देव-देवी या किसी अन्य तीर्थ स्थान पर कटेगा ही नहीं सिर्फ अहिल्या स्थान में ही जाते ही

कट जाएगा। दूसरा दरिद्रता जिसको पकड़े होगी या परेशान करती हो वो भी वहाँ जाते ही पाप कट जाएंगे।

एक समय ऐसा आएगा जिसमें एक नहीं अनेक ऐसी गलतियां जान के भी करेंगे और अंजाने में भी हो जाएगी। प्रेम में फंस के कुंवारी माँ बन जाएंगी ये तो और महा पाप है मगर उसका भी पाप यहाँ आके सब कट ही जाएगा, ऐसे-ऐसे पाप करते भी आनंद में रहेगा जैसे कोई गर्मी की धूप में तपता रहे और उसे शीतल छाया मिल जाए तो कितना आनंद लगेगा वैसे ही ऐसा महा-महा पाप में जल रहा होगा वहाँ जाने पर शरीर तो शरीर आत्मा भी पवित्र हो जाएगी। शरीर तो शरीर आत्मा प्रसन्न हो जाएगी आपको अहिल्या स्थान में जाके बाकि बहुत तीर्थ स्थान हैं जहाँ रोग, दुःख खत्म होंगे मगर यहाँ पर पाप कट जाएंगे भगवान की तरफ से भी कोई दोष नहीं लगेगा।

सीता जी ने कहा प्रभु ये भगवान का दोष क्या है मैं समझी नहीं सो समझा दें।

एक भगवान का दोष होता है जो जन्म से पहले से लेकर मरने के बाद तक का कर्म का फल क्या होता है वो भगवान तय करते हैं तो जो अहिल्या स्थान से होके मरेगा उस सबको ऐसे-ऐसे कर्म वाले को कलंकी नहीं कहा जाएगा ना ही सजा मिलेगा।

मगर ऐसे-ऐसे धर्म स्थान बन गए हैं तो सब के सब गलती ही करेंगे तो जो गलती करेगा उसको भगवान तो माफ कर देंगे मगर मनुष्य में वो कलंक रहेगा ही रहेगा अगर वो कलंक नहीं रहेगा तब तो सबके सब गलत ही करते रहेंगे क्योंकि आदमी की सोच मुंह की बात में भी नहीं बदल सकता है जैसे की आप ही पर कलंक लगा जो लंका में थी बगैर पति के पर पुरुष के बुरी नज़र में फिर भी आपकी शक्ति भगवान ने कमी नहीं किये। भगवान पूरा का पूरा साथ दिये जैसे परित्याग हुआ तो कितने बड़े बाल्मीकि ऋषि सहारा बन गए तुरंत के तुरंत इसके बाद जन्म भी एक ही बालक को दिया एक तो बाल्मीकि जी पुत्र दिये फिर भी भगवान शक्ति में कमी किए नहीं किए आपकी एक पुकार पर माता धरती फट के अपने आसन पर बैठा के साथ ले गई तो ये भगवान की दी हुई शक्ति है।

एक ओर इंसान है जो अगर गलत दिख गए तो वह आदमी खुद भी क्यों ना गलत हो मगर वो भी गलत ही बोलेगा ही बोलेगा क्योंकि इस दुनिया को अच्छी या बुरी बात जो लोग जिसको बोलेंगे वो कोई नहीं किसी का मिटा सकता और अच्छे को तो अच्छा कहलाता ही है परिणाम

भी अच्छे का अच्छा मिलता है वैसे ही बुरे का तो बुरा कहलाएगा ही मगर ऐसे ही चमत्कारी तीर्थ स्थान सब पर जाने से बुरे का भी बुरा कट जाता है और जैसे ही पाप करता है तो एक शक्ति अपने आप आती है जिसमें कुछ बुरे भी ऐसे चमत्कार हो जाता हैं जो उनकी बुराई खत्म करके अच्छाई की चर्चा होना शुरू हो जाती है मगर गलत की चर्चा लोग गलत में करेंगे ही भले ही वो स्वर्ग में आ जाए मगर (और भले चोर-चोर कहालाए मगर सजा काट लिया हो वो सैनिक या राजा के सामने भी चोर कहलाएगा तो कोई बात नहीं क्योंकि सजा काट चुका है उसी प्रकार तीर्थ स्थान से पाप कट जाता है पाप दुःख नहीं दे सकता) मगर धरती पर जैसे कोई चोर-चोरी करते पकड़ा जाए उसे सजा भी हुआ वो सजा काट के कैद खाने से बाहर आ गया फिर भी सब उसको चोर ही कहेंगे वो अपमान तो उसका जब भी नाम आएगा तो अपमान होना ही पड़ेगा। जो स्वर्ग में भी स्वर्ग के राजा इन्द्र भी अपना सर झुका लेते हैं जो ऐसा कर्म बेकार किये जो हर जगह अपमानित होना पड़ता है। अपमान तो होना ही है मगर सजा भगवान के घर में नहीं मिलेगी।

राम से बड़ा नाम

जब हनुमान जी को जैसे-जैसे समझ आने लगा जो ये मेरी माँ है ये हमारे पिता है, वो मामा, वो नाना है वो नानी हैं। तो यहाँ सवाल आएगा तो जब अंजनी को कुंवारी में ही बच्चा हुआ तो फिर पिताजी कैसे, तो पत्नी जैसा व्यवहार जिसके साथ करेंगे वो पत्नी ही कहलाएगा। उसी प्रकार माँ-पिता जी जैसे जो जीवन में हमारे साथ व्यवहार करेगा वो माँ-पिता जी का दर्जे में आएंगे चाहे अपना हो या पराया तो अंजनी मनुष्य हनुमान जी वानर तो एक केसरी वानर का राजा थे उनको गोद दिया गया जो ये वानर है तो आप सब के साथ कि इसको अच्छा रहेगा। बल्कि पवन पुत्र शंकर सुमन केसरी नंदन बहुत का वो नंद है।

तो हनुमान जी बोले अपनी माँ से माता में वानर आप मनुष्य ऐसा कैसे तो माँ बोली श्री राम जी तुम्हारे ऊपर उपकार किये हैं यही राम का नाम की महिमा है क्योंकि तुम्हारे नाना मेरा पिताजी श्राप दिये जो कुंवारी में ही बच्चे को जन्म दूंगी तो तब से में मन ही मन परेशान थी जो अब तो हमें तो बदनाम होना ही है तो हमें अपना बदनामी का जितना दर्द नहीं रहा था, उस से ज्यादा में अपने बच्चे का दर्द का सोच के पागल थी, जो दुनिया हमारे बच्चे को भी कोई इज्जत नहीं करेगा। सब

कलंकी ही कहेंगे जिसमें सोचती जो कही लटकी हुई तब तो और दर्द होगा माँ अपने बच्चे को सारा का सारा खुशी दूंगी। फिर भी ये अभागी माँ दर्द नहीं बदनामी को मीटा सकती इसीलिए सारी दुनिया को छोड़ के मैं अकेली इस पहाड़ पर रह कर राम जी का गुणगान, दिन रात करता थी जो हमारा पुत्र हो या पुत्री मगर प्रभु आप कुछ ऐसा करिये जो मेरे बच्चे को कोई ताना ना मारे जो तू कलंकी माँ, कलंकी बच्चा है प्रभु आप ही वो महान हैं हर असंभव का संभव कर सकते हैं हमारे पिता जी का श्राप का उद्धार करना कोई मामूली नहीं हो सकता तो आप हमें कलंक से मत बचाएं हमारा बच्चे को जितना दुःख दर्द जीवन में होगा वो सबके सब हमें दे दीजिए प्रभु! मेरी पुकार आपसे बस इतनी ही है मैं दिन-रात कुमारी से ही श्री राम जी का ध्यान लगा के रखा और अपना पेट पर ध्यान बार-बार जाता जो पता नहीं होनी तो होके ही रहेगी जानती हूँ फिर भी मन अनिश्चित कालीन चिंता में सिर्फ राम जी पर भरोसा एक रोज लगा जो हमारा बच्चा हमारे पेट में शायद आ गया तब से तो और मैं अपने आप को राम जी में रमा दिया जब तू पैदा हुआ तो तुझे देख के वानर में मैं बहुत प्रसन्न हुई प्रभु मेरे राम आप महान कितना बड़ा आप हम पर और हमारे बच्चे पर एहसान किए जो पिता जी की भी बात हो गई जो में कुंवारी में ही बच्चा दिया मगर वानर में बच्चा देके आप धन्य कर दिये जो ये मनुष्य समाज में से अलग है इसलिए क्योंकि वानर में है तू तो तू वानर ही समाज में रहेगा और वानर में प्रभु राम जी दिये हैं तो उसमें तुमको ताना नहीं पड़ेगा जो तू कलंकी माँ का कलंकी बच्चा है और प्रभु की कृपा से सब तुम को चाहेंगे क्योंकि भले ही तू वानर रूप में है मगर जन्म तो मनुष्य योनि ने दिया है इसीलिए भले ही तेरा वानर का ही ज्यादा दिमाग, लक्षण, आदत सब रहेगा मगर मनुष्य का भी रहेगा ही रहेगा और प्रभु राम जी कृपा थोड़ा भी कर दिये तो जैसे मेरी माँ पत्थर से फिर अपने रूप में आ जाएगी उसी प्रकार उन का गुणगान तू भी किया कर तो तू भी कुछ ना कुछ गलत कलंकी तू वानर रहते ऐसा-ऐसा काम कर सकता है जो हमारे पिता जी, माता, भाई सब कलंकित रहते भी कहीं पर सर ना झुकाए जो अच्छा रहके भी अच्छा ना कहलाते हैं मगर एक श्रापित कलंकित होके भी ऐसे-ऐसे कर्म-धर्म किया जो असंभव लगे हम लोग भी दुनिया में बोल सकें जो भले ही हम लोग किसी जन्म में गलत किये होंगे उसका पाप लगा मगर मेरा लाल तो महान है जो अच्छा-अच्छा सुंदर काम किया सो हमारा पुत्र तू गलत मत करना जो और सिर शर्म के मारे झुक जाए और तू गलत कर ही नहीं सकता क्योंकि तुमको दुनिया माने या ना माने मगर मैं मानूंगी मैं अपने आपको

मानती हूँ जो तू राम जी का ही पुत्र है राम जी सदैव तेरे सर पे अपना हाथ रखा रहे तो अंजनी माता राम नाम से बहुत खुश होते थे इसीलिए हनुमान जी के रोम-रोम में राम जी को बसा लिए जो दुनिया में कोई एक राम को मानेगा मगर हमारे शरीर से लेके बात विचार तक सिर्फ राम ही राम और राम के सिवाय हमारे अंदर दूसरा कोई जाए ही नहीं सकता माता आप हमें ऐसा ही आशीर्वाद दें। अंजनी माता वो छोटा सा बालक जो ठीक से बोलना भी नहीं जानता राम क्या है वो भी नहीं जानता मगर हनुमान तो समस्त संत महात्मा तपस्वी पूजा-पाठ और तो और सबसे छोटा बच्चा हुआ, प्रहलाद सब का रिकार्ड तोड़ दिए इतना छोटा बच्चा ऐसी भक्ति जो हमी को रोम-रोम में बसा लिया जिस को राम अभी कोई सुख दिया ही नहीं हो ऐसा राम भक्त दूसरा हो ही नहीं सकता राम नाम को ही राम से बड़ा बना दिया तो वो भगवान महान जिनको ऐसे-ऐसे भक्त मिले जो ऐसी भक्ति से भगवान को गर्व से सिर ऊपर रहे ये सब तो मिथला का ही कर्ज है जो जितना भी सुख दे फिर भी कर्ज कम न हो और भक्ति ही बढ़ता जाए यही मिथला की महानता है इसीलिए मिथला का इंसान तो इंसान प्रत्येक जीव महान है जो ब्रह्मांड में नहीं है।

राम भक्त तू जरूर कहलाए क्योंकि ऐसी भक्ति तुम में दिखती है जैसी हममें भी नहीं वो भी राम जी की ही कृपा है हनुमान जी को गले से साट ली।

तो राम जी बोले जो भक्त हमारा गुणगान, पूजा, मान-सम्मान जन्म के पहले से ही कर रहे हैं जो हमारा भगवान है राम वो सिर्फ मिथला है और मिथला में भी अहिल्या, स्थान तो ऐसा धर्म के पावन धाम हैं जहाँ पता नहीं कितनी शक्ति हैं। इस स्थान से बड़ा धर्म स्थान ब्रह्मांड में और कहीं नहीं होगा क्योंकि हम को धरती पर लाने वाले भी ऋषि मुनि शृंगी ऋषि ही यज्ञ कर के लाए हैं वो भी मिथला के ही हैं।

मैं भगवान हूँ कि नहीं हूँ वो जांच ने के चक्कर में ब्रह्म देव भी चकमा खा जाते देवता और मनुष्य का तो बात हटा ही दें मैंने इतने बड़े-बड़े चमत्कार किये हैं फिर भी भगवान मानेंगे कि नहीं मगर ये महान भक्त तो हमारा जन्म के पहले से ही सिर्फ हमको ही भगवान माने हैं धन्य हैं मिथलावासी।

रामजी बहुत कठोर हैं, रामजी से ज्यादा राम भक्त कठोर है क्योंकि जिसमें सुंदर बात विचार रहेगा उसी का भगवान राम साथ देंगे। मगर मेरा भक्त वीर हनुमान तो पाप-पुण्य देखेगा ही नहीं वो तो जहाँ राम का एक बार भी नाम हुआ वहाँ जरूर पहुँचेंगे और जो जितना राम को प्रसन्न

करेगा उसको उतना प्रसन्न करेंगे ही करेंगे।

राम जी का सत्य प्रमाण जब राम जी समुद्र से रास्ते के लिए प्रार्थना किए मगर समुद्र को कुछ पता ही नहीं, जब राम जी की प्रार्थना का समय पूरा हुआ तो राम जी को बहुत क्रोध आया और तब एक अश्लोक पढ़े-

(जग में सुंदर है दो नाम कृष्ण कहो या राम)

"ढोल गंवार शूद्र पशु नारी सकल ताड़ना के अधिकारी।"

तो चाहे भगवान हो या शैतान हो या इंसान हो जब किसी को क्रोध आता है तो छोटे से छोटा या बड़े से बड़ा किसी का भी कोई छुपा के रखता है मगर कोई बात पे क्रोध आ जाए तो जितना छुपा क्रोध है वो सब निकल जाता है जो सामने में रहता है उसी के ऊपर भले ही दूसरे-तीसरे का भी क्रोध क्यों ना हो, निकल जाता है।

यही हुआ महासागर समुद्र के ऊपर क्योंकि राम जी सबका क्रोध छुपा के जो रखे थे वो सबका सब निकाल दिये।

ढोल गवार रावण के प्रति क्रोध था तो जाओ रे मूर्ख तू तीनो लोक को जीतने वाला समस्त असुर जात का महाराजा तेरे जैसा ज्ञानी संत महात्मा भी नही पूजा-पाठ, तपस्या में भी तू सबसे महान जो अपनी तपस्या से ब्रह्मा, विष्णु, महेश तीनों को प्रसन्न कर दिया है तेरे जैसा पंडित कोई नहीं है इतनी बड़ी-बड़ी महानता सब रहते, ढोल गवार, मूर्ख जैसा व्यवहार किया जो एक स्त्री को छल से अपहरण किया तुम से तो अच्छा वो मूर्ख मारीच जो छल से हिरण बन के काम किया और तू, तू तो नाक कटी के बात पर अपना सारा का सारा नाम कटवा लिया नाक रहते एक नारी की बात पर।

जो अशुद्ध हो चाहे कोई भी हो जैसे फल, मिठाई या सुंदर पकवान का खाना रंग बिरंग का कितना सुंदर हो मगर खाने के बाद वो अशुद्ध बन जाते हैं जो मल बन जाता है तो वैसे ही मनुष्य में भी कोई जात का हो अगर वो दिखावा नहीं दिल और आत्मा से शुद्ध है जैसे माता शबरी तो वो महान है और अगर अपवित्र अशुद्ध जो है वो उसे सूद्र ही कहे तो समुद्र भले ही महा सागर है। छोटी से छोटी नदी भी उसी में जाकर मिलती हो मगर समुद्र शुद्ध नहीं है अशुद्ध ही है जैसे पूजा-पाठ में समुद्र का पानी इस्तेमाल नहीं होता दूसरा तेरा पानी स्नान के लायक भी नहीं है, तीसरा तेरा पानी तो लोग सपने में भी नहीं पी सकते। गंदा नाली नदी का पानी पी

सकते मगर तेरा नहीं तू इतना खराब सूद्र है तू जानता है जो मैं भगवान राम हूँ समस्त प्राणी हमरी एक झलक पाने के लिए हाथ जोड़ के खड़े रहते हैं फिर भी मानवता के हिसाब से हम तुम्हारे सामने हाथ जोड़ के 8 घंटे खड़ा तुम्हारा प्रतीक्षा किया मगर तू भी रावण जैसे महा सागर रहते ढोल गवार ही है जो हमें मानव समझ के भूल किया इसका तो तुम को भी नाक कटेगा ही कटेगा क्योंकि भगवान को इंसान समझने की भूल तुमने की है ताकि तुम को भी वो अलौकिक शक्ति ज्ञान है जो समझ सकती है। जो सामने वाला इंसान है कि भगवान है क्योंकि तुमको पल भर में ही सुखा दूं वो शक्ति तो हमारे पास है ही मगर हमने उसका पहले उपयोग नहीं किया मैं मान-सम्मान के साथ पूजा-पाठ करके गुणगान करके हाथ जोड़कर विनती किया मगर ठोस गंवार कितना बड़ा हो जाए मगर ठोस गंवार ही कलाएगा।

पशु तो सबको पता ही है पालतू जानवर को पशु कहते हैं मगर पालतू जानवर भले ही कितने मनुष्य के साथ रहे मगर उसको छोड़ दें तो वो थोड़े समझेगा जो ये चावल, गेहूँ का फसल है वो उस फसल को खाएगा ही और पूरा का पूरा घूम के सत्यानाश कर देगा तो, भले ही पालतू जानवर हो मगर उसको भी कस के ही रखना पड़ेगा।

अब लास्ट में आया नारी।

नारी पर राम जी को गुस्सा शुरू हुआ शुर्पनखा से।

जो राम, लखन, सीता जी सबका सुंदर रूप देख के वो भी सुंदर रूप बना के आई तो राम,जी लक्ष्मण जी तो अपनी-अपनी ज्ञान से समझ गए जो ये तो नकली रूपवान है, क्योंकि रूपवान ज्ञानी होते हैं और ज्ञानी ऐसे ही एक ही बार नहीं बोलेगी जो हम से सुंदर तुमको मिलेगा ही नहीं इसलिए मेरा गुण सबको मत देख सिर्फ हमारा रूप देखकर कैसे भी शादी कर ले तो जहाँ पाप अशुद्ध छल रहेगा वहाँ क्रोध आएगा ही आएगा लक्ष्मण जी को ऐसा क्रोध आया तो लो तुमको रूप में घमंड है तो रूप को ही खत्म कर देते हैं नाक, कान काट दिए तो असली रूप में आ गई इसीलिए नारी को भी ताना दंड देके देखो क्योंकि पहले तो समझाया मगर नहीं समझी तब दंड देना पड़ा, क्योंकि सबसे सुंदर,बात, विचार, व्यवहार है वही सुंदर है रूप सुंदर से सुंदर नहीं होता।

तो एक शूर्पनखा पे ही गुस्सा रहता तो एक का ही नाम लेते मगर यहाँ तो नारी जात को ही बोले सारे प्रताड़ना के अधिकारी वो इसलिए जब शूर्पनखा की नाक, कान कट गया तो वो तो

बता दी असली रूप में आके जो अब दिखाती हूँ जो मैं भी क्या हूँ मैं रावण की बहन हूँ।

तो राम जी लक्ष्मण जी तो कब रावण आएगा और कैसे क्या होगा? हमेशा वो ध्यान में रखे थे उसी में वो हिरण दिखाई पड़ा तो सीता बोली प्रभु चाहिए वो हिरण।

लक्ष्मण ने सतर्क किये मगर सीता नहीं मानी बहुत सवाल, जवाब हुआ राम जी मान गए ठीक है तो लक्ष्मण राम जी को संकेत भी किए जो भैया ये भी कही सुंदर रूप ही हो सकता है बाकि असली में हिरण हो ही नहीं तो राम जी बोले क्यों चिंता करता है, क्योंकि राम जी सीता को भी जगत जननी समझते थे जो सीता बोली ही नहीं जिद की हैं तो जाँच क्या करूँ हिरण ही होगा सीता भी तो माहौल देखी ही हैं मगर दिखने में हिरण अनमोल है सीता पर विश्वास करके जो मैं भगवान हूँ तो वो भी महा भगवती है लक्ष्मण को सावधान करके राम जी चले गए।

मगर जिस का डर था वही हुआ सो सब जानते ही है जब राम राम बोल के हाँ लक्ष्मण हाँ लक्ष्मण पुकारा तो सीता जी लक्ष्मण से जिद बहुत की जो तुम जाओ नहीं तो में चली जाऊं, तब लक्ष्मण हार के थक के जाने को तैयार हुए तो सुरक्षा का कवच चारों तरफ बंदी दे दिया जो कुछ भी हो आप इससे बाहर नहीं निकलियेगा, लक्ष्मण भी चला गया इसके बाद भी सब जानते हैं जो रावण हर लिया।

दोनों भाई रूपवान को तो नहीं लाए उस से मन रुष्ट था जो दुनिया में खिल्ली उड़ेगी, जो भगवान नहीं समझे माया को, कुटी में सीता गायब अब राम जी लक्ष्मण की तरफ देखे तूने क्या किया लक्ष्मण, भैया मैं तो रेखा खींचा था मगर हुआ क्या यहाँ तो हम तीनों के सिवाय और कोई इंसान रहता ही नहीं जो कही इसी सब में हो, राम जी मन ही मन पहले तो लक्ष्मण पर बहुत क्रोध किए तू क्यों छोड़ा, तो लक्ष्मण जी बोले भैया जैसे मैं सावधान किया था मगर आप कैसे उनकी जिद पर चले गए उसी प्रकार हमें भी हार के मजबूरी में जाना पड़ा फिर भी मैं कवच का चक्कर लगाय था।

अब राम जी का क्रोध सीता जी पर आ गए जो हमें तुरंत जगत जननी मान के चल दिये। सही में लक्ष्मण का कोई दोष नहीं सारा का सारा दोष तो हम पर है जो हम उनका विश्वास प्रेम में चल दिये मगर वो हम सब पर क्यों नहीं विश्वास किया, लक्ष्मण को भी भेज दिया और रेखा से तो कोई भी ले नहीं जा सकती, ये खुद लक्ष्मण रेखा से निकली ही हैं अपनी मर्जी से यही सत्य है तो आखिर गई तो कहाँ गई मन बेचैन था अब अंदर ही अंदर क्रोध भी बढ़ ही रहा था और

एक तरफ बेचैनी भी जो हम लोग भगवान भगवती जन्म से पहले से कहा रहे हैं और हम ही लोग से अगर इतना बड़ी-बड़ी गलती होगी तब तो कल दुनिया ताना मारेगी ही हम लोग का नाम का जो भगवान भी ऐसा चकमा माया में फंस के बर्बाद हो गए कोयो की अब रावण से टक्कर है तो रावण बलवान ही नहीं भगवान शिव शंकर का सबसे बड़ा भक्त भी हो और शिव शंकर तो भोलेनाथ भस्मासुर जैसे-जैसे वरदान क्यों ना हो मगर वरदान देने में लेट नहीं करते अपने भक्त पर भरोसा करके और वरदान देने के बाद तुरंत भागना क्यों ना पड़ जाए तो वो रावण को तो शिवजी की सबसे बड़ी शक्ति है रावण भी कुछ कर सकता है मन नाना प्रकार के अशुभ ही अशुभ खराब ही खराब डर जैसा तन, मन, आत्मा सब घबरा के बेचैन था जो सीता को कुछ अपना जगत जननी वाली शक्ति तो दिखाती तो सामने में माता सती सीता के रूप में दिखी अब तो राम जी को ऐसा करने लगा जो यहाँ तो एक रूप का नाक, कान कटा था उस चक्कर में तो यही महा महा रूप गुणगान जगत जननी सब नाक, कान कटवाने आ गए माता आपको मानता हूँ जो हमें जाँचना ही आए हो मगर आए किस रूप में सो थोड़ा जरूर सोचना चाहिए जो हमें माता कहने में भी शर्म आ रही है और सीता तो हो ही नहीं सकती राम जी देख के अनसुना कर दिये जो माता समझ ले जो हम नहीं देखे तो माता एकदम सामने में ऐसे आ गई जो आप कुछ बोले तो राम जी को अंदर ही अंदर एक अलग प्रकार का क्रोध आया जो इतनी बड़ी मायावी सब हो के इतनी नाक, कान कटायेगी तो अकेला मर्द कितना संभालेगा ये सोच के माता आपको कौन सी ऐसी विपदा आ गई जो आप वन में भटक रही हैं, तो माता शर्मिन्दा हो गई जो सही में शिव जी बोल रहे थे सो ठीक बोल रहे थे और हमने जाँचने के लिए रूप गलत बनाया। खूद अपनी गलती दिखने लगी इधर राम जी तो समझ रहे थे जो ये परिणाम सब तो बड़ा विक्राल हो रहा है इधर राम जी अपना ध्यान देकर देखा जो शिव जी भेजे हैं या माता खुद आए तो देखे जो शिव जी तो मना किए थे। तुरंत में तुरंत ऐसी-ऐसी विक्राल घटना सब एक ही दिन एक ही समय ऐसा बीत रहा है जैसे भगवान हो या शैतान हो या इंसान हो, सबका सब एक सामान के तरह नारी की जिद की वजह से वो आग में राम जी जल ही रहे थे वे सब जो हो रहा है उसका परिणाम खत्म नहीं हो सकता बगैर परिणाम दिये क्योंकि राम को तो जन्म से पहले से ही जानते थे एक संत महात्मा लोग मानते हैं भगवान और जो जगत जननी है वो शक कर रही है क्योंकि हम लोग इन लोग की जिद के सामने झुक जाते तो पति को इतनी छूट पत्नी को नहीं देना चाहिए वे नहीं

माँ, बहन, बेटी, दादी मतलब सिर्फ अपना पत्नी के हरेक बात को आँख मूंद को नहीं माने नहीं।

तो पति और घर परिवार कलह में जा सकता है क्योंकि राम जी तो जान गए जो माता सती सीता का रूप पाकर के वो अपना भी और सीता का भी पतिव्रता भ्रष्ट कर दी रूप पाकर के मगर माता अहिल्या का स्थान मिथलानी का रूप सीता का धारण किये इसीलिए इस धरती के लोग जो समझे मगर भगवान घर में पतिव्रता धर्म नष्ट नहीं होगी अगर मिथलानी छोड़ के अगर दूसरी जगह मेरी शादी होती और वहाँ की सीता होती और तब सीता की रूप धरती तो फिर सीता को भी और माता सती दोनों जगत जननी को फिर कभी भी विष्णु, शिव पति नहीं होते तो दोनों शक्ति अलग होती तो ब्रह्मांड खत्म हो जाता मगर एक मिथला में ही वो शक्ति है जो पति भ्रष्ट रहते भी पतिव्रता खत्म नहीं होगी माता अहिल्या की महिमा से बाकी भगवान घर में भ्रष्ट नहीं होंगे मगर इस जन्म में ये शरीर तो भ्रष्ट हो ही गया है उसका तो परिणाम भोगना ही पड़ेगा। वो तो माता अहिल्या को भी पत्थर होके शरीर दुःख सहे है धूल, धूप, पानी, हवा, ठंडी गर्मी सब का कष्ट झेले हैं तो माता सती को भी ये शरीर त्यागना पड़ेगा बाकि सीता का तो रूप माता सती धारण किये इसलिए सीता का शरीर नहीं भ्रष्ट है सिर्फ रूप भ्रष्ट है तो पता नहीं सीता का रूप के साथ मेरा कैसा समय बीतेगा?

तो सिर्फ पत्नी की बात को जरूर परख के, सावधान होके, समझ के माने नहीं तो घर परिवार यहाँ तक कि धर्म की भी हानि हो सकती है बाकि माँ, बहन, बेटी सब पर ध्यान देना जरूरी नहीं है क्योंकि उनका गलत उतना खराब नहीं होता जितना पत्नी का।

तो जब समुद्र प्रार्थना ना सुना तब भगवान श्री राम जी का सारा का सारा क्रोध एक ही बार में आ गया जो है सागर में तो विष्णु रूप में आप में ही है जहाँ क्षीर सागर है वहीं सदैव रहते हैं सब हम को ढोल गवार समझ रखा है देख मैं कैसे अपनी शक्ति से कुछ भी कर सकता हूँ, को यो की ढोल गवार में नहीं तुम लोग हो तब बोले "ढोल गंवार शूद्र पशु नारी सकल ताड़ना के अधिकारी" तो जो राम जी को नहीं मानेंगे वो बहुत बड़ी गलती करेंगे।

उसका प्रत्यक्ष प्रमाण एक नहीं दो-दो हैं। एक राम जी का दूसरा सीता जी का राम जी का प्रमाण महासागर समुद्र को जब भगवान क्रोध करके बाण साध लिए तब सागर प्रगट हुए तो नल-नील से पुल बना मगर राम जी का क्रोध का प्रभाव अभी तक सागर में दिखता है सेतू बांध रामेश्वर में जो हर जगह सागर अपनी लहर में झूमता है मगर सेतू बांध रामेश्वर में सागर एकदम

शांत अस्थाई जैसा पानी रहता है अभी भी यही राम जी का क्रोध का प्रमाण है जो महासागर का गुमान घमंड उस जगह पर चूर-चूर हो जाता है जो हम भी एक नदी नाले की तरह ही है। जिसमें सागर भी अन्दर-अन्दर क्रोधित था जो ये हमको बहुत बड़ा कलंक लग गया (तो जब किसी को अपना दुःख कलंक लगता है तो मन रुष्ट होता है मगर थोड़ा दूसरे का भी ख्याल कर लें)

मगर भगवान राम ईमानदारी मान-सम्मान के साथ प्रार्थना कर रहे थे तब तो समुद्र को नहीं लगा जो भगवान को भी कलंक लगा जो मैं प्रकट नहीं हुआ तो भगवान तो भगवान होते हैं वो कलंकित हो ही नहीं सकते वो समुद्र को सुखा ही देते अगर प्रकट तुरंत नहीं होता तो भगवान को मनुष्य जैसे रहते भी देखा दिये कि देख भगवान, भगवान होता है जब अपनी जिद पे आ जाए तो कुछ भी कर सकता है।

तो समुद्र जब देखा जो में सेतु बांध रामेश्वर में साफ शांत अस्थिर हो गया यहाँ पर मेरा पंख नहीं फड़ फड़ा रहा है तो समुद्र को बहुत खराब लगा और अंदर ही अंदर बहुत क्रोध में था जो आज नहीं तो कल में भी बदला जरूर लूंगा। ऐसा भाव देख के भगवान राम जी मन ही मन मुस्काए जो जाओ रे ठोल गवार अभी भी हम से टक्कर लेने का मन बना लिया जो तू जानता है जो हमारा तू कुछ नहीं बिगाड़ सकता मगर मैं तूमको ब्रह्मांड से खत्म कर सकता हूँ। भगवान जी मन ही मन हँस रहे थे जो हकीकत में ढोल गवार को कितना प्रत्यक्ष दुःख कष्ट देके अच्छा चाहे मगर एक दोही समझदार होते हैं नहीं तो सब गवार ही रहेंगे तो भगवान तो सब को खुश रखने वाले हैं।

तो समुद्र पर भी वो गुस्सा निकाल दिये हैं आपने दूसरे जन्म में कृष्ण अवतार लेकर जगन्नाथ पुरी में भगवान जान बुझकर अपनी बहन का वहाँ समुद्र किनारे में मंदिर स्थापित करवाए तो समुद्र तो इंतजार ही कर रहा था जो हमारे पास कोई मंदिर आपका बने जहाँ मैं अपना जलबा दिखाकर क्रोध को शांत कर सकूं तो समुद्र अपना क्रोध निकालता रहता है अभी भी प्रमाण है जैसा तूफान में गरजते हुए समुद्र जगन्नाथ जी में दिखते हैं वैसा समुद्र गरजते तूफान जैसा इस धरती पर कहीं भी नहीं है तो समुद्र का क्रोध खत्म होता।

मगर भगवान वहाँ भी अपनी शक्ति दिखा दिये हैं।

जगन्नाथ जी के इलाके में जाने पर ही समुद्र का नाग सांप की तरह फुंकार गूंजता है और तूफान जैसे सबको अपनी फुंकार से अपनी लहर में समा ले तितर-बितर कर दूं। जो हमारे डर

से इनका कोई दर्शन करने ना आए इनकी पूजा-पाठ ना करे तब भगवान हमारे पास आएँगे जो है सागर आप अपनी दया हम पर करके शांत हो जाएं क्योंक मेरे भक्तों को डर लग रहा है इस इंतजार में समुद्र अभी भी उसी हालत में रहता है।

भगवान तो भगवान हैं भगवान सोचे ठीक तुम्हारा सारा का सारा गुस्सा हम पर हमेशा उतरता ही रहे इसीलिए भगवान भी अपने भक्त को चमत्कार दिखा दिये हैं जो चाहे कितने तूफान आएं मगर मेरा झंडा को तू छू नहीं सकता और हमारा झंडे को क्या घुमा सकता और उड़ा सकता वही पर दिया, इसीलिए जलाया जाता है जो देखो एक दीया भी तुम से नहीं हिल रहा, तू क्या बताएगा और जब तू झंडे, दीया को कुछ नहीं कर सकता तो मेरे भक्तों का क्या करेगा उस इलाके में जाने पर तूफान गूंजता है कान में मगर समुद्र के साथ में ही मंदिर का मेन गेट है मगर गेट के अंदर जाने पर थोड़ी भी उस तूफान का आवाज का अनुभव भी नहीं होती है एकदम शांति जैसा वातारण।

तो राम जी, कृष्ण जी नाम अलग है मगर दोनों एक है इसका प्रमाण सागर का ये व्यवहार से प्रमाण मिलता है और सीता जी का प्रत्यक्ष प्रमाण गया में है जहाँ पित्तर उद्धार होता है और कैसी भी आकाल मृत्यु हो मगर वहाँ पर कर्म करने से वो शांत रहेगा ही परेशान नहीं कर सकता।

तो जिसका प्रमाण सागर नदी, हवा, तूफान धरती, सूर्य, चांद में दिखे।

क्योंकि जब गौतम ऋषि सो रहे थे तो चंद ही मूर्गा वन के बोला तो गौतम ऋषि समझे जो सुबह हो गया तो चंद्र को मारे थे तो चंद्र पर निशान दिखता है।

तो इतने बड़े-बड़े प्रमाण सब हमारे सनातनी हिन्दु में है जो प्रमाण है जो हमारे राम जी, सीता जी, राधा जी, कृष्ण जी सब हकीकत में थे और है ऐसा प्रमाण और किसी में दिखता है तो देखिए इतना बड़ा महान धर्म सनातनी हिंदू का जो जिस में महा से महा पाप सब कथित होता हो क्योंकि अनेक धर्म है, अनेक स्वर्ग होंगे अनेक प्रकार का अनेक व्यवहार का रंग-बिरंग सुख सब है जैसे किसी में माछ मांस भी खाना तो किसी में माछ-मांस खाना मगर हलाल ज़िबह करके तो सुख से स्वग सब बहुत हैं मगर गलत का परिणाम महा-महा दुःख सब नकर सब में एक ही दिखता है जिसमें हमारा सनातनी में हमारे भगवान सब बहुत से क्या हर गलती, बुराई से तू हँस बाज के धर्म स्थान पर जाके पाप कटा सकता है जो नरक में हमारा सनातनी ना जाए मगर सनातनी को ही कल्पनी मानते हैं जिसमें मनुष्य का दोष है हमारा सनातनी भगवान में कमी नहीं है क्योंकि जो

मानते हैं धर्म स्थान तीर्थ जाते हैं उन सबको अभी भी पूरा का पूरा अनुभव होता है।

जब सीता का परित्याग हो गया तब राम जी एक बार मिथला आए सीता जी की माँ बहुत बीमार थी तब राम जी का आदर मान सब कुछ सुख मेहमान जैसा नहीं भगवान जैसा सब कर रहे थे तो राम जी हेमलता सबसे प्रिय सखी थी उनको पूछे राम जी जो इस बार भी सब फूल माला सब तरह का स्वागत हो रहा है मगर मिथला का एक अलग प्रकार का आनंद है सो नहीं लग रहा है तो सखी बोली प्रभु हम लोग तो मूर्ख हैं सिर्फ प्रेम करना जानते हैं मगर आप तो भगवान हैं आपका तो नियम कानून अलग है जैसे समस्त तारों में चांद सब से महान है, उसी प्रकार हम समस्त सखी में सीता चांद थीं, जब उस चांद का वो हाल हुआ तो हम लोग तो छोटे-मोटे टिम-टिमाने वाले तारे हैं हम लोग से आप लोग खुश थोड़ी हो सकते हैं हम लोग तो मूर्ख गवार से कोई गलती हुई हो तो क्षमा करियेगा। रोते हुए दौड़कर भाग गई बोलते हुए जो हमारे शीतल सीता से नहीं प्रसन्न हुए वो हम से क्या प्रसन्न होंगे।

माता सुनयना के पास गए तो माता से उठा नहीं जा रहा था फिर भी उठकर आरती उतार कर बैठी। मैंने कुछ बोलना चाहा मगर माता रोक दी और बोली आप में कोई गलती नहीं गलती तो आपके माता-पिता में जो ऐसा दुलार करके कठोर वाले नियम कानून सब सिखाए।

राम जी बोले मैं समझा नहीं माता आपकी बात का अर्थ।

तो माता बोली मैं मानती हूँ जो वचन का पालन होना चाहिये मगर माँ-बाप, बेटा-बेटी में कोई भी वचन, कोई भी कसम, कोई भी गाली, कोई भी क्रोध, कोई भी श्राप पालन किये तो भी बड़ा पाप नहीं मिल सकता और कोई वचन तोड़ दिये तो भी पाप नहीं लगता, क्योंकि माँ-बाप, बच्चों में कोई भेद-भाव नहीं करते हैं ये भी शिक्षा आपको देना चाहिए।

मानती हूँ जो आप भगवान हो मगर माँ-बाप, बच्चे भी तो भगवान की ही देन हैं, जिस बच्चे को बोलना नहीं आता, खुश होना भी नहीं आता, मगर किसी बात पर वो बच्चा माँ-बाप पर भी गुस्से में हाथ उठा देते हैं तो क्या बच्चे को पाप लगेगा माँ-बाप छोड़ देते हैं उस बच्चे को और किसी कारण बस माँ-बाप, बच्चे को मारते हैं तो क्या बच्चा माँ-बाप को छोड़ देता है।

तो आपको सिर्फ राज धर्म, कर्म धर्म और सत्य धर्म ही सिखलाये।

मगर एक रिश्ता धर्म भी है प्रेम का परम्परा कहते हैं भले ही माँ-बाप से बच्चा जन्म लेता हो और बच्चे को जन्म देता हो मगर मर्द माँ-बाप, भाई-बहन किसी का भी कसम नहीं लेते हैं मगर

जब शादी होती है तो समस्त दोनों समाज, दोनों धर्म-कर्म समस्त भगवान अग्नि के सात फेरे के बाद सिंदूर देते हैं लड़की को जो हम तुम्हारे साथ देंगे ही देंगे।

मगर आप तो सिर्फ अपना राज धर्म का ही कसम माने पत्नी धर्म को तो छोड़ दिये, सब गलती हम आपकी माँ सबकी है जो सिर्फ गुरुजी का ही ज्ञान पर छोड़ दिये माँ बच्चा का लाड़, प्यार, ताना, सुख, दुःख, मार-पीट सबका आनंद नहीं दिये ना सिखाये।

जैसे आप जन्म लिए और हमारे पास भेज देते तो हम मार-पीट कर भी ईतना प्रेम देके रखते जो आप राजधर्म भी ठीक से चलाते और माँ-बाप, पति-पत्नी, पुत्र धर्म भी सब कुछ सही-सही चलाते सबको हंसा खिला के।

इसीलिए भगवान श्री कृष्ण जन्म लिए और अपनी माता-पिता जी से अलग (जनक जी माता सुनयना) बाबा नंद माता यशोदा के रूप में जन्म लिए थे जो भगवान श्री कृष्ण को मार-पीट कर सारा का सारा दुलार, प्रेम का फर्ज निभाए और वहीं पर सीता, राधा के रूप में मिलीं इसीलिए वृंदावन और मथुरा, मिथला जैसी ही प्रेम की नगरी है क्योंकि पूर्व जन्म में जितना जन्म लिए वो सबके सब मिथला वासी ही थे।

दरिद्र ब्राह्मण सतानंद इस जन्म में सुदामा हुए इसीलिए भगवान दो लोक दिये जो आप जैसा दुःख काटने वाला शायद ही कोई होगा जो कितने भी दुःख में हो मगर भगवान को दोष ना दे भगवान पर गुस्सा ना करे आप महान हैं और आप सबको जो मानेगा वो और महान होगा।

कितनों का सवाल रहता है जो सीता राम, राधे श्याम, सीता, राधा माता का ही नाम पहले क्यों आता।

तो बच्चा जन्म से पहले दिखता है तो माँ के पेट में भले ही पिता का तेज से निकला हो जन्म लेता है तो माँ के ही दूध से पलता है बाद में अनेक खाना-पीना शुरू करता है तो वह भले ही पलंग सोफे पे बैठता सोता हो मगर वो भी धरती पर ही रहता है और धरती पर ही चलता है, बैठता है लास्ट में मरने के बाद भी धरती में ही समाता है।

तुलसी बाबा जब बच्चा थे तो लेटरिंग करने लोटा लेके जाते थे तो आधा लोटे के पानी से ही गंदा साफ कर लेते, आधे लोटे का पानी गिरा देते तो उनको अखरता जो आधे लोटे का पानी बेकार में बर्बाद होता है इसका सही उपयोग कैसे करें?

तो एक रोज़ दिमाग में आया जो पीपल में लोग जल चढ़ाते हैं मैं भी पीपल में चढ़ा दूंगा

क्योंकि वहाँ एक पीपल का पेड़ था उसी को देखके सोचे उस रोज़ से जितना पानी बचता वो पीपल के पेड़ में डाल देते।

बाकी कोई पूजा-पाठ नहीं करते थे ना जानते थे मगर राम भगवान हैं सो पता था मन ही मन राम को मानते थे उतने समझदार भी नहीं थे अपने दोस्तों सबके साथ वो भी पशु को चराने जाते पढ़ने-लिखने में मन नहीं लगता काम-काज सब करते समय बीता जवान हुए शादी भी हो गयी पति-पत्नी में प्रेम भी खूब है, मगर पीपल में जल डालना नहीं छोड़े भले ही अब बहुत बड़े हो गये हैं फिर भी (तो ध्यान करें मनुष्य कोई भी काम का संकल्प लेके करता है चाहे अच्छा हो या बुरा हो मगर एक ना एक रोज उस कर्म की परीक्षा भगवान जरूर लेता है जिसमें पास किया तो बन गया फैल किया तो बेरथ गया।

तो पत्नी का मायके से भाई मतलब साला बहन को लेने के लिए आए तो कल पत्नी मायके चली जाएगी ये सोच के तुलसी जी का मन कुछ इधर से उधर था जो कल पत्नी अपने भाई के चले जाएगी। दूसरा दिन पत्नी मायके चली गई इनका ध्यान पत्नी पर ही उस रोज शाम को लेटरिंग करने गए पत्नी के चक्कर में पीपल में जल डालना भूल गये रात में खाना खाके सोने गए तो पत्नी की इतनी याद आयी जो वो पत्नी से मिलने के लिए रात में ही ससुराल चल दिये तो इतना आंधी तूफान, ओला, पत्थर, बारिश इतनी तेज होने लगी मगर इनको कोई फर्क नहीं पत्नी की धुन में चले गए ससुराल पहुँच गए जिस घर में पत्नी सो जानते थे दरवाजा खटखटाया पत्नी दरवाजा खोली पत्नी इनको देख के अवाक जो इतनी रात को वो भी इतने खराब मौसम आप क्यों आए तो तुलसी जी बोले मन नहीं लग रहा था तो पत्नी क्या बात है मैं सदैव के लिए यहां थोड़े आयी हूँ चार-पाँच दिन में तो आ ही जाता और आना ही था तो दिन में आते रात में वो भी इतने खराब माहौल समय में फिर भी कपड़ा लाती हूँ आप तो भीगे हैं पत्नी कपड़ा लाने के लिए निकल रही थी तभी इनको ख्याल आया जो आज शाम को जब लेट्रिन करने गए तो मैं पीपल में जल नहीं डाला।

ये ख्याल आते ही तुलसी जी वहाँ से निकल पड़े। पत्नी पूछी क्या हुआ कहाँ जा रहे है वो बोले घर जा रहा हूँ बोलते तेजी से निकल गये और रास्ते भर सोचते रहे जो बचपन से आज तक मैं कभी नहीं भूला पता नहीं आज क्यों भूल गया घर पर आए लोटा में पानी लिए लेट्रिन तो लगी नहीं था फिर भी लेटरिंग करने बैठ गए और आधा लोटा पानी बचा के उस पीपल में जल

डाले तभी उस पर से प्रेतराज तुलसी जी के सामने में आए और बोले जो आप पत्नी को बहुत प्रेम करते हैं पत्नी के चक्कर में आप शाम को जल देना भूल गये। अब जब आप जल देते हैं तो हम लोग भी इंतजार करते हैं ना जब आप जल नहीं दिये और पत्नी से मिलने चल दिये तो हम लोग गुस्सा में आपको रोकने के लिए आंधी, तूफान, पत्थर तक की बारिश कराये मगर आप चलते ही रहे तब वहाँ पर आपको स्मरण कराया जो आज आप जल देना भूल गए तो जिसके लिए आपको बारिश पानी, पत्थर भी ख्याल न रहा, मगर आप हमारे पानी की याद में अपनी पत्नी को भी छोड़ के चल दिये, आते ही पहले जल दिये हम लोग बहुत खुश हैं आप से, मांगो क्या वरदान चाहते हो तुलसी जी, पहले बताएं कि आप हैं कौन भगवान हो क्योंकि राम के सिवाय ये और किसी को मानते नहीं थे तो ऐसा चमत्कार हो सकता है जो शायद भगवान राम ही आ गए हैं प्रसन्न होके।

तो वो बोले नहीं मैं भगवान तो नहीं हूँ मैं प्रेत हूँ मगर आपसे बहुत प्रसन्न हूँ आप माँगिये जो वरदान मांगेंगे में दूंगा।

तो तुलसी जी बोले नहीं पहले आप सत करें तो मागूंगा।

तो प्रेत बोले इसमें सत क्या जो पानी, तूफान, पत्थर की बारिश करवा सकता है वो आपकी मनोकामना पूर्ण जरूर करेगा आप मांगो।

तुलसी जी नहीं पहले सत करो।

ठीक है, प्रेत सत कर लिए जो आपकी बात ना करू तो 80 कुण्ड नर्क में गिरू अब मागें तो तुलसी जी बोले हमें राम जी से मिला दो अब तो प्रेतराज को तो दिन में ही तारे नजर आने लगे प्रेत बोले जो हम तो सोचे थे जो आप धन, संपत्ती, सुख, संतान सब मागेंगे क्योंकि हरेक मनुष्य की इच्छा यही सब रहती है। श्री राम जी से मिलना तो दूर उनकी एक झलक दर्शन पाने के लिए तो देखते हैं कितना संत महात्मा कितने यज्ञ, जाप, पूजा, पाठ, युग युगांधर से करते हैं तब एक झलक मिलती है नहीं तो वो भी नहीं मिलती और हम तो भूत-प्रेत हम भी तो पहले मनुष्य में ही थे। भूत-प्रेम को पूजने वाले को गुरु बना लिए मगर हमारे गुरु जी भी लोगों को अच्छा ही करते थे मैं भी अच्छा ही करता था फिर भी प्रेत योनि में ही भटक रहा हूँ। पापी अच्छा है नर्क में जाता

है नर्क में जाने पर भी पाप कट जाता हैं तो दूसरा जन्म मिल जाता है। कीड़े-मकोड़े का भी जीवन अच्छा है मगर भूत प्रेत की योनि ब्रह्मांड में सब से खराब है और सबसे लंबा जीवन है इस योनि में मुक्ति का कोई रास्ता ही नहीं दिखता जो भगवान को मानता है उसके पास तो भूत प्रेत उसके चरण छूने के लिए लालायित रहते हैं जो थोड़ा भी पुण्य मिल जाए मगर भूत प्रेत को वो क्षमता नहीं जो भगवान के भक्त को भी छू ले जैसे लक्ष्मण रेख खींचा हो ऐसा रहता है जो हम लोग फेंके जाते हैं। जब भगवान के छोटे-मोटे भक्त से नहीं मिल सकता तो देवता तो दूर जाए और भगवान राम। रामजी का तो नाम हम लोग को सपना में भी नहीं आता मिलना मिलवाना तो दूर जाए आप तो सत भी करवा लिए एक जन्म में किया हूं जो प्रेत योनि में भटक रहा हूँ। मनुष्य कसम पर कसम खाता है जो कसम कुछ भी नहीं है मगर ये मनुष्य की भूल है हरेक कसम का परिणाम जीते जी भोग लिया तो अच्छा है और जो मरने के बाद भोगेगा, उसका परिणाम तो हम लोग जानते हैं और अब तो कसम आपका खा लिया हूँ पता नहीं लगता है जो भूत-प्रेत से भी कोई खराब योनि होगी उसमें ही जाना पड़ेगा। आप कोई ओर दूसरा वरदान मांग लो तुलसी जी बोले नहीं हमको तो राम जी से ही मिलना है और दूसरा कुछ भी नहीं।

प्रेत बोले ठीक है कल रात में आईएगा, कुछ उपाय सोचूंगा नहीं तो महा प्रेत नर्क में जाने के लिए तैयार रहूंगा।

फिर दूसरे रोज़ तुलसी जी रात में गए प्रेतराज उतरे बोले मैं तो बोल दिया जो हम लोग जो झूठ बोलने वाले रहते हैं दिखाने के लिए पूजा-पाठ करते हैं सत्य को नहीं मानते हैं, दूसरे को खराब मानते रहते हैं उसी सबके पास जाते हैं मगर जिसमें थोडी भी सत्यता नजर आती उसके आस-पास भी नहीं भटक सकता हूँ। तो मैं आपको रास्ता बताता हूँ वो आप करेंगे तो राम जी मिल सकते हैं, करना तो आपको ही पड़ेगा और आप किये तो ठीक है नहीं किये तो फिर हम आपकी कसम से मुक्त हो जाएंगे वो आप वचन दीजिये।

तो तुलसी बाबा बोले, हाँ आप जो बोलेंगे वो मैं करूंगा उसमें अगर हमारी गलती हुई तो आप हमारे वचन से मुक्त हैं, मगर मैं आपके कहाँ पर मैं सही-सही चला तब राम जी नहीं मिले तो आप हमारी कसम से मुक्त नहीं होंगे। प्रेत बोले ठीक है तो ध्यान से सुनिये एक गांव का नाम बताए जो उस गांव में एक संत रामायण का प्रवचन कर रहे हैं तो उस स्थान पर सबसे पहले एक बूढ़ा आदमी लाठी के सहारे आएगा और आखिर में किसी साइड में बैठेगा और जब आरती हो

जाएगा सब चले जाएंगे तब वो बूढ़ा उठेगा और जाएगा तो उस बूढ़े का आप साथ पकड़ लेना उनसे दूरी मत बनाना नहीं तो वे लुप्त हो जाएंगे फिर दोबारा वो बूढ़ा नहीं दिखाई देगा और जैसे ही गांव से बाहर सुनसान जगह दिखे जहाँ आदमी न हो वहाँ पर उनके पाँव पकड़ लेना जो बाबा आप हमें चेला बना लो तो वो बहुत मना करेंगे मगर आप पांव मत छोड़ना नहीं तो वो लुप्त हो जाएंगे और जैसे हम से सत करवाया। उसी प्रकार उन से भी सत करवा लेना तब जाकर बोलना जो हमें राम जी से मिलवा दे तो वो मिला देंगे ही देंगे क्योंकि वो हनुमान जी साक्षात रूप बदल के राम कथा सुनने आते हैं। ऐसा आप करके उनसे भी वचन ले लेना तो वो जरूर मिला देंगे अगर ऐसा नहीं किये तो दोष हमको नहीं लगेगा।

तुलसी जी तभी उस गांव के लिए चल दिये वो गांव पहुंच गए लोगों से पूछे रामायण की कथा कहाँ हो रही है लोगों बताया वो वहाँ गए ही प्रवचन से पहले एक बूढ़ा लाठी लेके आधी कमर टेढ़ी झुका हुआ आके किनारे में लाठी रख के उसी पर बैठ गए।

ठीक प्रवचन हुआ आरती हुई सब चल दिये तो वो बूढ़ा आखिर में चला उसके साथ तुलसी जी चलने लगे गाँव खत्म हो गया वो बूढ़ा बार-बार इनकी तरफ देख रहे थे (क्योंकि कोई भी देव, देवी या भगवान सुनसान जगह पर कोई भेष बनाकर आ सकता है उसी प्रकार सुनसान जगह पर ही लुप्त होंगे नहीं तो लुप्त नहीं हो सकते) जो गाँव भी खत्म हो गया यह कौन सा आदमी है जो मेरा पीछा नहीं छोड़ता तो बूढ़ा बोला भाई तू कहाँ जाएगा।

तुलसी जी तुरंत पाँव पकड़ कर गिड़गिड़ाने लगे, कि प्रभु आप अपनी शरण में हमें ले लीजिए प्रभु, बूढ़ा बोला अरे मैं तो साधारण आदमी हूँ महान तो वो कथा कहते वो हैं तुम उनकी शरण में जाओ मगर तुलसी जी पाँव छोड़ नहीं रहे है। बूढ़े ने बहुत समझाया मगर तुलसी जी नहीं माने तो बाद में बूढ़ा बोला, अच्छा बोल तू हम से क्या चाहता है बता तो तुलसी जी बोले जो पहले सत कीजिए तो बूढ़ा अरे! सत की क्या बात है मुझ बूढ़े से क्या पार लगेगा मैं कौन सा भगवान हूँ जो तुम को खुश कर सकता हूँ। तू बोल तो हम से जो तू चाहता क्या है इस बूढ़ा से।

तो तुलसी जी बोले नहीं पहले सत कीजिए तो बहुत जिद करते रहे आखिर में सत की और बोले इस बूढ़े से जितना होने वाला होगा उतना ही करेंगे जो हम से नहीं होने वाला होगा सो नहीं करेंगे। तुलसी जी ठीक है क्योंकि, आप ही से वो काम हो सकता है और तो असंभव ही है तो बूढ़ा बोला बता तू क्या चाहता है।

तो तुलसी जी बोले-

"राम दुआरे तुम रखवारे होत न आज्ञा बिनु पैसारे"

हे प्रभु! बगैर आपके कोई राम जी से मिल नहीं सकता इसलिए प्रभु ये काम आपके सिवाय दूसरा कोई कर ही नहीं सकता हमें राम जी से मिला दीजिए।

हनुमान जी लाठी खड़ा करके पकड़ के बैठ कर बोले, जो सबसे पहले ये बता जो तू है कौन, भगवान है, देव-देवी है या राक्षस है तू है कौन? क्योंकि मैं कौन हूँ ये समझने कि शक्ति साधारण नहीं हो सकती तब तुलसी जी ने सारी बात बताई जो उन्हें प्रेतराज बताई थी।

प्रेतराज अपनी कसम हम पर थोप दिये तू नहीं जानता श्रीराम जी से मिलने के लिए तो हमें भी तपस्या करनी पड़ता है क्योंकि **"जाकी रही भावना जैसी, प्रभु मूरत देखी तिन तैसी"** रामजी तो रावण के भी सामने में गए रावण नहीं आया था, क्योंकि वो प्रभु मूरत नहीं मानता था उसका परिणाम जो राम जी के नाम के साथ उसका भी नाम आता है मगर उतना बड़ा महान रहते भी घृणा, द्वेष पापी भाव में आता है मगर एक भावना भगवान की लेके विभीषन जी आए जो पराए तो दूर जाए अपना भी सारा का सारा कुल खानदान खत्म करवा दिये मगर विभीषन जी का स्मरण पवित्र अच्छा में आता है तो विभीषन जी भगवन भाव में थे तो जन्म से ही राम-राम में लगे थे कितना कष्ट, ताना, गाली, दुःख-दर्द सहे हैं सो तो हम ही जानते हैं कि विभीषन जी ही जानते हैं मगर तू तो एक साधारण मनुष्य है और तेरा भी वही विभीषन हनुमान जैसा ही भावना है जो मैं प्रभु श्री राम जी से मिलूं दर्शन करूं कितना बड़ा संकट में तू डाल दिया कसम खिला के ठीक है हमें भी सोचने का मौका दे जा तू अपने घर पर मैं वही पर आकर तुम से मिलूंगा मगर किसी को मत बताना जो मैं हनुमान हूँ, अगर बतया तो तेरा कसम खत्म तो तुलसी बाबा बोले तब जब तक मैं दूसरे से ना कहूँ तब-तक जब-जब हमको आपसे मिलने का मन करेगा तब-तब आप आएंगे।

तो हनुमान जी बोले ठीक है सब हमसे मिलने को तरसते हैं और ,मैं तुम से मिलने तेरे पास आऊं, तू तो बाकई में कोई महान संत जरूर है तुलसी बाबा को बोले अब तू जा मैं मिलूंगा।

तुलसी जी चले गए।

हनुमान जी ध्यान करके देखे तो देखे जो ना ये पूजा-पाठ किया है पूजा-पाठ में गया भी नहीं

है ना भगवान के भक्त जैसा नाम लिया है सिर्फ एक बार रामायण के सत्संग में आया है और सीधा राम जी से ही मिलेगा वो भी भगवान भावना में सिर्फ दर्शन करता तो किसी प्रकार एक झलक कहीं दिखा देते मगर ये तो राम जी से बात भी करेगा। ये प्रेत राज तो वचन देके निकल गए, हम वचन में फँस गए अब कैसे क्या होगा? हनुमान जी का भी दिमाग काम नहीं कर रहा था, क्योंकि ऐसे बगैर धर्म को अगर एक से मिलेंगे तो फिर दूसरा को रोक नहीं सकते क्योंकि भगवान से मिलता वही है जिसने बहुत कठिन से कठिन परीक्षा दी होती है उसमें पास करता है तब जाके उनके दर्शन होते हैं मगर इसकी तो मैं कसम खा चुका हूँ, वचन दे चुका हूँ। क्या, करूं मन ही मन सोच के हनुमान जी विचार किये जैसे राम जी का मैं भक्त हूँ उसी प्रकार शिव जी भी राम जी के भक्त हैं उनसे ही पता करूं सोच कर शिव शंकर महादेव के पास हनुमान जी गए भोले बाबा बहुत प्रसन्न हूँ जो महान भक्त भाई हमारे पास आए हम धन्य हुए बताएं क्या खुशी का समाचार भगवान श्री राम जी का है।

हनुमान जी प्रभु का कोई समाचार नहीं, मेरी मुलाकात एक साधारण मनुष्य से हुयी ना ही पूजा-पाठ की है ना ही भगवान का नाम लिया ना ही कहीं तीर्थ धाम किया है बस एक बार एक ही रोज रामायण का सत्संग में गया है उसी में, मैं वचन देकर फंस गया ये प्रेतराज की समझ है। कृपया आप सही रास्ता बताएं क्योंकि राम जी को दुनिया में आप से ज्यादा कोई नहीं जान सकता कैसे उसको उतना पुण्य होगा जो उसको मैं प्रभु राम जी से मिलाऊं सारा का सारा बात बताये।

अब तो शिवजी का भी कोई दिमाग काम नहीं किया तो शिव जी बोले चलो ब्रह्मा जी के पास वही कोई रास्ता दिखायेंगे चल दिये। ब्रह्मा जी के पास हनुमान जी, शिवजी दोनों पहुँचे। दोनों को देखकर ब्रह्मा जी बहुत प्रसन्न हुए मगर इन दोनों को कोई प्रसन्नता नहीं झलक रही थी ब्रह्मा जी बोले कोई त्रुटी तकलीफ हुई हम से तो क्षमा करें।

तो हनुमान जी, शिवजी सारी बात बताए अब तो ब्रह्मा जी का भी मुँह लटक गया। ब्रह्मा जी बोले, एक विष्णु भगवान या अवतार उसमें भी सबसे अनमोल रतन से भी महान राम जी जो समस्त छल को झूठ को तुरंत पकड़ लेते हैं हम लोग तो अपने-अपने भक्त को वरदान दे देते हैं इसके बाद उसका छल जाल में हम दोनों फँस जाते हैं तो फिर वही प्रभु विष्णु जी छल को छल से निकालते हैं और उनसे हम लोग छल का रास्ता खोज रहे हैं जो कैसे पार लगेगा इससे अच्छा राम जी से नहीं, चलिये विष्णु भगवान के पास वही कुछ उपाय बतायेंगे क्योंकि सब अवतार का सारी बात उनके सिवाय दूसरा कोई नहीं समझ सकता।

तीनों वैकुण्ठ विष्णु लोक क्षीर सागर पहुँचे हनुमान जी, भोले बाबा, ब्रह्मा जी सबको देख

के विष्णु भगवान बहुत आदर किये और बोले, बगैर दुःख के तो हमारा ख्याल कोई कर नहीं सकता जिसको दुःख होगा और कोई रास्ता नहीं दिखता होता तभी हमें कोई याद करता है चाहे इंसान हो, चाहे देव हो, चाहे भगवान हनुमान जी के तरफ देखकर बोले आपको क्या हुआ जो आप भी इन लोग के साथ किसी चक्कर में फँस गए क्या?

तो हनुमान जी बोले प्रभु! इस बार सब हमारे चक्कर में ही फँस के आए हैं सारी की सारी बात बताए, कोई रास्ता दिखता ही नहीं है जो राम जी से मिलवा दूं क्योंकि उसके पास धर्म, कर्म इतना बड़ा है ही नहीं उसी के लिए हम लोग आपके पास आए हैं, तो कैसे रामजी से मिलाऊं ना मिलाऊं तो हनुमान जी का वचन झूठा, कुछ समझ में नहीं आता सिर्फ एक आप ही समस्त विक्राल से विक्राल वरदान सबका हल किये हैं। प्रभु! हमारा भी हल करिये क्योंकि इस जन्म में उसको कितनी भी पूजा, पाठ, तपस्या करवाऊं फिर भी राम जी से मिलने को धर्म उतना नहीं हो सकता प्रभु करूणा निधान दया करें।

विष्णु भगवान हँस के बोले ये मामूली बात है जो राम जी का सब से बड़ा प्रिय भक्त शिवजी और हनुमान जी और वो दोनों तुलसी बाबा को तीनों वैकुंड क्षीर सागर ले ही आए तो इससे बड़ा और कौन सा धर्म-कर्म बाकि रह गया सो समझिये तीनों लोक का स्वामी, तीनों लोक दर्शन करवा ही दिये तो इस से बड़ा तो हम को लगता है हम भगवान सबको भी पुण्य नहीं हैं तुलसी जी तो हम लोग से भी महान हैं जिनके वचन की चिंता में तीनों लोक परेशान हैं तो अब तो भगवान तुलसी जी का दर्शन करने जाएँगे। तुलसी जी तो तीनों लोक से बड़े हो गए। अब राम भक्त अभी तक शिव हनुमान ही थे, अब तुलसी जी भी कहलायेंगे। अभी तक दो महान थे तीसरा तो सबसे बड़ा महान जो बगैर टेंशन के बगैर पुण्य के घर बैठे महान बन गए।

अब तो ब्रह्मा जी, शिव जी की तरफ देखते शिवजी, हनुमान जी की तरफ देखते हनुमान जी भी उन्हीं दोनों की तरफ देखते जो सही में तुलसी जी तो महान हैं जो बगैर मरे बगैर धर्म के उनका नाम तीनों लोग के स्वामी सब लेके घूमें।

तो विष्णु भगवान बोले, ना जानें किसी भेष में नारायण मिल जाए, प्रभु श्री राम जी बहुत जगह मनुष्य रूप में घूमते ही रहते हैं कहीं पर दर्शन करा दीजिये क्योंकि अब उनके पास पुण्य ही पुण्य है।

सबके सब प्रसन्न हुए जो सही मार्ग दर्शन हो गया तो हनुमान जी, विष्णु भगवान से पूछे, जो प्रभु तुलसी जी के साथ ऐसा क्यों हुआ वो पता नहीं चला कोई पूर्व जन्म में भी वैसा पुण्य नहीं दिखता।

तो विष्णु भगवान बोले हाथ बज्र और धजा वीराजे, आपका हाथ वज्र से भी महा वज्र है

तुलसी बचपन में लेटरिंग कर रहा था तो वो सोच रहा था जो राम जी भगवान हैं आप उसी होके गुजर रहे थे तो वो राम का नाम आपको सुनाई पड़ा तो आप देखे तो आप देखे ये मूर्ख तो मल त्याग करते समय प्रभु श्री राम का नाम ले रहा है आपने वहीं से वज्र वाला हाथ मार के चल दिये तो वो वज्र की मार, दर्द-खुद राम जी ने सहे हैं वही तुलसी जी हैं जो हनुमान जी का वज्र सह कर राम जी से मिल चुके है फर्क ये है जो तुलसी जी अब मिलेंगे राम जिसे बाकि राम जी तो कब के मिल चुके हैं जाइये आप कहीं भी राम जी से मिला सकते हैं।

हनुमान जी तुलसी बाबा के पास आए और बोले चल जैसे प्रेतराज बताए तरीका तो हम मिले वैसे ही तरीका बताता हूँ तो राम जी को पहचान लेना और पाँव पकड़ कर बोलना प्रभु! आप अपना असली दर्शन दें, भले ही वो बहुत कठोर है मगर नारियल का पानी जैसे अंदर से एकदम दयालु है पानी जैसे हैं भले छिलका कठोर हो जरूर दर्शन देंगे।

तुलसी जी बोले ठीक है प्रभु! तो हनुमान जी गंगा किनारे चित्रकूट के घाट पर एक जगह बैठा दिये और बोले यहीं पर आप चंदन घिस कर सब को लगाते रहे, आज नहीं तो कल जैसे मैं मनुष्य रूप में घूम रहा हूँ उसी रूप में भगवान राम जी यहाँ आते ही हैं। जब राम जी को तिलक लगाने वाला हाथ उठेगा तो मैं उस पीपल के पेड़ पर से आपको सूचित करूंगा कि यही राम जी हैं तो आप सबको चंदन लगाएं मगर ध्यान सिर्फ मेरा ही बात पर रखियेगा।

तुलसी जी बोले ठीक है, बैठ गए सबको चंदन घिस कर तिलक लगाने लगे तो जैसे ही एक रोज तिलक लगाने के लिए हाथ उठा तो हनुमान जी सूगा के भेष में पेड़ पर थे और बोले,

"चित्रकूट के घाट पर भई संतन के भीर!
तुलसी दास चंदन घिसे तिलक करे रघुवीर!!"

तुलसी दास समझ गए जो यही राम जी है तुरंत उनके चरण पकड़ कर गिड़गिड़ाने लगे मेरे प्रभु मगर राम जी भी एक मनुष्य रूप में ही थे इसीलिए लोग ध्यान नहीं दिये मगर तुलसी जी को राम जी अपना दर्शन कराए। तब तुलसी जी दर्शन करके गाँव आ गए।

इसके बाद तुलसी जी को ज्ञान आया और रामायण लिख दिये और लोगों को बोलते जो मेरा लिखा भी रामायण एकदम सत्य है इनका भी गुणगान होना चाहिए मगर उनको तो सब भैस चराने वाला मूर्ख मानते थे जो ना पूजा-पाठ ना पढ़े-लिखे चला रामायण ही लिखने, अरे तू राम जी को जानता है क्या सब ताना मारते बहुत कष्ट हुआ, बहुत दुःख ताना सबके पास भटक के बड़े से बड़े संत पंडित ज्ञानी के पास रामायण लेके जाते मगर कोई देखने के लिए ही नहीं तैयार पढ़ना तो दूर जाए।

यही भगवान का चक्र है जो सबको पहले बहुत दुःख काट देते हैं उसके बाद दर्शन मिलते

हैं तुलसी बाबा को दर्शन पाने के बाद दुःख झेलना पड़ा भगवान बगैर दुःख के मिल ही नहीं सकते।

जब बहुत जगह बहुत दिन भटके तो कुछ लोग पंडित, ज्ञानी, संत सब बोले ठीक है कैसा भी है तो आप राम जी का ही नाम लेते हैं हम लोग इसलिए आपकी रामायण देखना या पढ़ना नहीं चाहते ताकि वाल्मीकि रामायण का प्रमाण है जो सत्य है मगर आपका रामायण का प्रमाण नहीं है। तो तुलसी बाबा बोले कैसे प्रमाण दूं क्या प्रमाण दूं आप लोग जो बोले सो मैं साबित करने का प्रयास करूंगा।

तो सब संत पंडित ज्ञानी सब आपस में विचार करके निर्णय लेके बोले तुलसी जी को जो आपको बनारस काशी विश्वनाथ मंदिर में ग्रंथ सब जो हैं उसको सबसे नीचे रखा जाएगा और रात भर में आपका ग्रंथ अगर थोड़ा भी ईधर से ऊधर होगा तो समझ लेंगे जो पूरा विश्व का धर्म का नाम काशी विश्वनाथ जी आपकी रामायण को महत्व दिये और अगर आपकी रामायण जैसे रखेंगे उसी प्रकार रहेगी तो आपकी रामायण को महत्व नहीं मिलेगा।

तुलसी बाबा मान गए शाम को भोग आरती के बाद तुलसी बाबा की रामायण ग्रंथ के नीचे रख के पट बंद हो गए।

सुबह खुला तो देखा गया जो तुलसी बाबा की रामायण सब ग्रंथ के ऊपर रखी हुई है और उस पर लिखा है- **सत्यम शिवम सुन्दरम**

इसका मतलब सत्य में शिव सुंदर माना है।

तब से तुलसी बाबा की रामायण की भी पूजा-पाठ होने लगी।

तब प्रेतराज आए तुलसी बाबा के मन में तो तुलसी बाबा उस पीपल के पेड़ के पास गये पुकारे तो प्रेतराज बोले जो अब आप में सत्य की बहुत शक्ति है हम आपके पास नहीं पहुँच सकते हममें शक्ति नहीं है।

तो तुलसी बाबा आज मैं जो कुछ भी हूँ तो आपका ही कृपा से हूँ। जैसे हमें रास्ता दिखा के इतना बड़ा संत बनवा दिया अपने उसी प्रकार आप अपने भी कुछ पाप कटित करने का सही रास्ता बताएं।

तो प्रेतराज बोले जो आप जब पूजा- पाठ, प्रवचन करते हैं तो बस थोड़ा हमारी प्रेत योनि को सिर्फ आप ध्यान कर लेंगे तो हमारी योनि को भी कुछ सत्संग का पुण्य मिलेगा क्योंकि सत्संग का सबसे ज्यादा धर्म मिलता है।

तुलसी दास उनका कर्ज़, फर्ज़, एहसान समझते हुए हनुमान जी, राम जी के साथ ही मिला दिये जो आपका ध्यान क्या, याद क्या, लोग ना चाहते भी आपका नाम सबके साथ ही लेंगे और इस से जो आपको सुख मिलेगा तो आपका नाम लेने वाला हमारे जैसे ही धर्मात्मा बनेंगे।

"भूत पिशाच निकट नहीं आवे महावीर जब नाम सुनावे"

तो हनुमान जी आए जो तुलसी जी से बोले ये आप क्या कर रहे हैं जो ग्रंथ में पूजा-पाठ में आप प्रेत को जोड़ दिये हैं। आपके साथ-साथ रामायण का भी अपमान होगा प्रेत का पूजा होके तो तुलसी बाबा बोले आखिर हमें प्रेत राज ही इतना महान बनाए हैं और गलत कैसे हो सकता जब काशी विश्वनाथ बाबा ने साईन की हो तो गलत कैसे हो सकता है अब तो मैं लिख दिया पर वचन भी करता हूँ अब नहीं बदलूंगा।

तो हनुमान जी, शिव जी के पास गए और बोले आपको कुछ पता है जो तुलसी जी की रामायण को सहज ही प्रमाणित कर दिये सो देखिये सब भगवान देव, देवी के साथ भूत प्रेत का भी पूजा हो रहा है लगता है अब पता नहीं क्या होगा?

तो शिव जी बोले भाई उसके नाम पर हम भी तो तीनों लोक के चक्कर लगाए हैं उसका इतना बड़ा एहसान करेगा सो हमें नहीं पता था।

हनुमान जी, भोले बाबा की बात सुनकर अवाक आपकी बात मैं नहीं समझा, ठीक से समझाएं क्योंकि वे सब मेरे ही वचन के खातिर हो रहा है अगर गलत होगा तो सब हम पर ही पड़ेगा में बहुत घबरा रहा हूँ।

तो भोले बाबा बोले हमारे भक्त सब कौन हैं? भूत, पिशाच, प्रेतराज सब ही तो हैं मगर मैं भगवान रहते भी कहीं उस लोक को कोई सुख नहीं देता। तुलसी तो महान जो हमारे भी भक्तों को संत में जोड़ दिया तो प्रेत सबका भी कल्याण होगा। प्रेतराज सबका उद्धार करने के लिए मैं राम नाम की भस्म लगा ही रहा हूँ अब जो ही संत भी बोलेंगे तो जो अच्छा होगा उन सबका भी उद्धार होता रहेगा अगर कोई गलत करेगा तो फिर प्रमाणित मैं ही किया हूँ, खराब भूत, प्रेत को सीधा में ही करूंगा इसलिए जो हो रहा है वो तीनों लोक की सहमति से ही हो रहा है हम आपको सिर्फ जय राम, श्री राम जय जय राम का गुणगान करना है आगे राम जी हैं ही, ऊपर से नारियल जैसे कठोर अंदर पानी जैसे कोमल, आप भी अपना राम धुन में जाएं, हमें भी राम की धुन करने दे।

!! जय राम जी !